Crefftwr
Cefn Gwlad

Gorau pob meddiant, llaw gelfydd

Crefftwr Cefn Gwlad

ATGOFION

ARTHUR GWYNN JONES

yLolfa

Argraffiad cyntaf: 2024
© Hawlfraint Arthur Gwynn Jones a'r Lolfa Cyf., 2024

Cynllun y clawr: Y Lolfa
Llun y clawr blaen: Margaret Jones

Rhif Llyfr Rhyngwladol: 978 1 80099 586 4

Cyhoeddwyd, rhwymwyd ac argraffwyd yng Nghymru gan
Y Lolfa Cyf., Talybont, Ceredigion SY24 5HE
gwefan www.ylolfa.com
e-bost ylolfa@ylolfa.com
ffôn 01970 832 304

Cynnwys

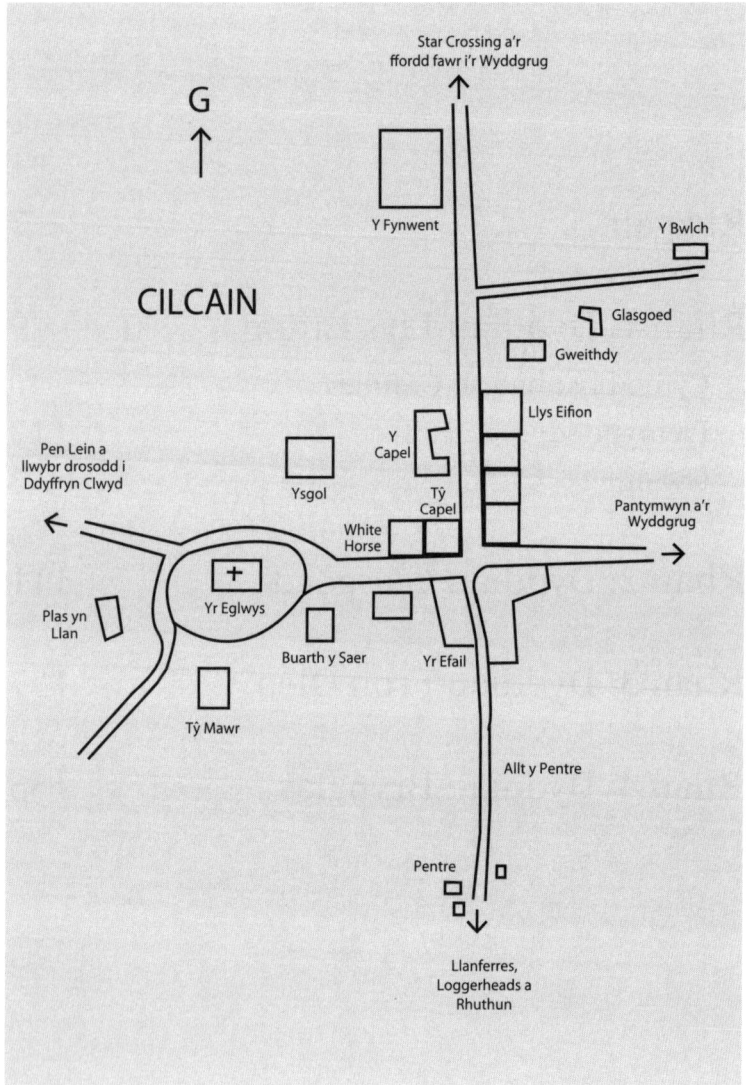

G

CILCAIN

Star Crossing a'r
ffordd fawr i'r Wyddgrug

Y Fynwent

Y Bwlch

Glasgoed

Gweithdy

Llys Eifion

Pen Lein a
llwybr drosodd i
Ddyffryn Clwyd

Y
Capel

Ysgol

Tŷ
Capel

White
Horse

Pantymwyn a'r
Wyddgrug

Plas yn
Llan

Yr Eglwys

Buarth y Saer

Yr Efail

Tŷ Mawr

Allt y Pentre

Pentre

Llanferres,
Loggerheads a
Rhuthun

Rhagair

CASGLWYD YR ATGOFION yma mewn sgyrsiau difyr efo fy nhad Arthur Gwynn Jones dros nifer o flynyddoedd. Rwyf wedi ceisio eu cofnodi yn ei eiriau ei hun gymaint â phosib. Gobeithio bod ei lais i'w glywed yn yr hanesion, a thinc o acen Sir y Fflint yn yr ymadrodd.

Hanes llafar a geir yma. Ni wnaed unrhyw ymdrech i wirio'r wybodaeth.

Diolch i Gwyn Jones, Llanefydd am ei gymorth. Diolch hefyd i bawb yn Y Lolfa am eu gofal.

Diolch arbennig i Mam, Margaret Jones, am ein porthi ym mhob ystyr ar hyd y daith.

Yn fwy na dim, diolch i'r dyn ei hun am ei gof anhygoel, ac am ei ddawn fel storïwr.

Mae'r casgliad yma yn drysorfa i ni fel teulu, ond gobeithio y bydd o ddiddordeb ac o werth i gynulleidfa ehangach hefyd.

Gwyneth Edwards

y llan

I

Cyfnod Fy Nhad, J. C. Jones

PENTREF YNG NGHESAIL Moel Famau ger yr Wyddgrug yw Cilcain. Yno y cefais fy magu ac yno roeddwn i'n byw ac yn gweithio fel adeiladwr ac ymgymerwr angladdau am hanner cyntaf fy oes.

Wrth edrych yn ôl, dwi'n sylweddoli cymaint mae bywyd wedi newid. Mi fues i'n llygad-dyst i gyfnod pan oedd bywyd traddodiadol cefn gwlad yn newid am byth. Mae gen i f'atgofion fy hun fel plentyn wrth gwrs, ond fe glywais hefyd lawer o hanesion am y gymdeithas wledig o fy nghwmpas mewn dyddiau a fu, llawer yn deillio o ddyddiau cynnar fy nhad. Mi fues i'n gweithio efo dynion oedd lawer yn hŷn na mi, a'u sgyrsiau difyr yn trafod cymeriadau mewn cyfnod ymhell cyn fy ngenedigaeth i. Mae'n bosib nad yw'r hyn a glywais ar gof a chadw mewn unrhyw le arall erbyn hyn.

Felly, er nad ydw i'n hanesydd, mae'n fraint dweud ychydig o hanes Cilcain yn sgil hanes fy mywyd fy hun. Efallai wir fod cipolwg ar gymdeithas Cilcain, fy nghornel fach i o Sir y Fflint, yn ddarlun o'r newidiadau fu ym mhobman arall hefyd yn ystod yr ugeinfed ganrif.

Mi ddylwn i egluro o'r cychwyn mai'r *llan* fydden ni'n

galw Cilcain ei hun, lle mae'r eglwys a'r ysgol a thafarn y White Horse. Mae'n debyg bod hwn yn hen arferiad nad oes llawer o bobl yn ei ddefnyddio erbyn hyn, gan ffafrio'r gair *pentref*. I ni, mae'r Pentre yn enw ar ran arall o Gilcain, sef clwstwr bach o dai i lawr yr allt ar ffordd Loggerheads. 'Y llan' oedd canol hynafol Cilcain i ni ar lafar bob amser, ac un o hogie'r llan oeddwn i, fel fy nhad.

Er mwyn adrodd fy stori, mae'n rhaid dweud gair am y teulu a sut y daeth fy rhieni i Gilcain yn y lle cyntaf. Cefais fy ngeni yn 1934, yn fab i John a Kate Jones, Llys Eifion, Cilcain. Mae'r ddau ohonyn nhw'n ganolog i'r hanes yma, felly dyma ddechrau efo gair bach amdanyn nhw.

Cefndir y teulu

Saer coed oedd John, fy nhad, gŵr dawnus a diwylliedig, a gafodd ddylanwad mawr arnaf i a'r gymdeithas yng Nghilcain. Roedd ei rieni yntau'n hanu o Ddyffryn Clwyd a Bro Hiraethog. Cafodd ei dad, Robert Jones, ei fagu yn y Green, Dinbych. Merch o Rydgaled oedd ei fam Mary, oedd yn hanu o deulu Twm o'r Nant. Fel Johnnie y byddai'n cael ei adnabod.

Roedd Robert Jones yn fab i *groom* ar ystadau'r ardal, a gofnodir fel *horse breaker* yn y cyfrifiad. Mae traddodiad teuluol yn dweud i hwnnw farw'n ifanc, ei iechyd wedi dirywio wrth chwysu mewn cot fawr o flaen tanllwyth o dân er mwyn colli pwysau'n sydyn pan fyddai'n joci mewn ras geffylau. Mae un o bedolau rasio ysgafn ei geffyl yn dilyn llwyddiant mewn darbi arbennig gennyf o hyd, ond does neb yn cofio mwy am y manylion erbyn hyn. Yng nghyfnod adeiladu'r rheilffordd rhwng Dinbych a'r Wyddgrug, fe aeth y Robert Jones ifanc i weithio fel labrwr ar *cutting* y Blue Hand ger Bodfari. Roedd iard rheilffordd Dinbych yn lle hynod o brysur yr adeg honno, ac fe gafodd waith yno wedyn fel *signalman*. Hyn aeth â fo gyda'i deulu ifanc i Wrecsam lle y ganed fy nhad yn 1896.

Roedd Robert yn dioddef o asthma, ac nid oedd mwg tref ddiwydiannol Wrecsam yn dygymod ag o. Roedd hanner brawd Mary yn byw yng Nghilcain yn Sir y Fflint. Roedd o wedi mynd yno i weini ar fferm i ddechrau, ac roedd o'n bregethwr lleyg am flynyddoedd cyn mynd i'r weinidogaeth yn ei oed a'i amser, ac fe gafodd ei ordeinio'n weinidog Capel Cilcain. Ei enw oedd y Parch. Evan Davies, a bydd mwy o sôn amdano fo yn y man.

Pan fyddai Robert a Mary yn ymweld, roedd hi'n amlwg bod brest Robert yn well o lawer yn awyr iach y pentref ar lethrau Moel Famau. Felly pan ddaeth Tŷ Capel yn wag, daeth cyfle i symud yno i fyw, ac felly y bu. Er nad oedd wedi ei brentisio'n saer, roedd Robert yn dda ei law ac fe gafodd waith gyda'r saer lleol, John Dafis. Roedd fy nhad yn bedair oed pan ddaethon nhw i Gilcain i fyw.

Er mai Cymraeg oedd iaith yr aelwyd, roedd fy nhad yn gallu siarad Saesneg o ganlyniad i ddylanwadau Wrecsam. Byddai plant Cilcain yn casglu'n chwilfrydig wrth giât Tŷ Capel i weld yr hogyn bach allai siarad Saesneg. Roedd hynny'n beth anghyffredin iddyn nhw.

Fy nhaid a nain, Robert a Mary Jones, oedd gofalwyr Capel Cilcain pan adeiladwyd yr ysgoldy yn 1905. Cwmni o Fflint oedd yr adeiladwyr, a bu saer coed yn lojio yn Tŷ Capel. Fe wnaeth ddreser i Nain allan o ddarnau o'r coed pin oedd dros ben.

Aeth fy nhad, fel finnau'n ddiweddarach, i ysgol y llan.

Ar ôl pasio'r sgolarship, aeth yn ei flaen i'r Ysgol Ramadeg yn yr Wyddgrug. Y prifathro oedd W. Lloyd Parry. Er mai dim ond pedair milltir sydd i'r dref trwy

Bantymwyn, bu'n rhaid i Nhad lojio yn y dre yn ystod yr wythnos. Roedd o'n aros yn Stryd Wrecsam efo teiliwr a'i deulu. Dwi'n ei gofio fo'n dweud stori am Joseph Roberts y cigydd yn sgwrsio efo rhyw ddyn oedd digwydd bod yn dal ac yn fain. Roedd y bwtsiar yn lwmpyn o ddyn efo dipyn o rownd ynddo fo, a dechreuodd y ddau drafod tybed pa un fyddai angen fwyaf o ddefnydd i wneud siwt. Felly gofynnodd y ddau i'r teiliwr eu mesur, ac yn wir, Joseph Roberts oedd angen y defnydd mwyaf. Dwi'n ei gofio fo'n iawn. Fo oedd piau'r cae y tu ôl i'w siop yn Stryd Wrecsam, a phan oedd o'n hen ddyn, mi fyddai'n cerdded lawr y cae i glywed y canu o Gapel Bethesda.

Ddaru Nhad ddim aros yn yr ysgol tan y diwedd am fod ei dad yn wael ac arian yn brin. Er mwyn helpu i gynnal y teulu, ar ôl gadael ysgol aeth i brentisio fel saer at John Dafis.

Cafodd fy mam ei geni yn Glyn Llugwy, Capel Curig, a'i magu ar fferm Plas ym Mhenllech, Tudweiliog.

Ar ôl marwolaeth ei thad, William Roberts, yn 59 oed o niwmonia, bu ei mam yn ffermio yno am gyfnod gyda'i meibion ifanc. Kate oedd ei henw hithau hefyd, ac roedd hi'n gymeriad cryf. Roedd ganddi ddeg o blant, sef pump o feibion a phump o ferched, yn y drefn honno.

Cyfenw fy nain cyn iddi briodi oedd Pierce. Fe gafodd ei magu ar fferm Pengwern, Ffestiniog. Roedd ganddi ewythr o'r enw William Pierce oedd yn ddyn busnes llwyddiannus. Bu'n rheolwr banc yn Lincoln, felly Dewyrth Lincoln roedd Mam yn ei alw. Gadawodd arian i Nain yn ei ewyllys, felly fe gafodd Mam a'i chwiorydd gyfnod o addysg mewn ysgol yn Lerpwl. Aeth y mab hynaf, William, i Ganada yn go ifanc. John oedd y nesaf, yna Robert, a nhw oedd yn ffermio. Fe aeth y ddau fab ieuengaf, Glyn a Llywelyn, i'r Rhyfel Byd Cyntaf.

Lladdwyd Glyn yn 1916 yn y Bluff, ger Ypres. Mae ei enw wedi ei goffáu gyda'r milwyr colledig eraill ar y Menin Gate. Ffermwr oedd Llywelyn wedyn hefyd. Pan gafodd John denantiaeth fferm Bistre, Bwcle, fe symudodd Kate (fy nain) a'r merched hefyd i Sir y Fflint. Aeth John ar y blaen efo'r stoc ar y trên, ac fe ddilynodd y merched efo merlen a thrap, taith dau ddiwrnod. Roedden nhw wedi pasio llawer o ffermydd ar eu ffordd wrth gwrs, ond wrth nesáu at y Bistre, dyma'r ferlen yn stopio'n stond medden nhw, a gweryru dros y lle. Roedd Yncl John yn y cae, yn troi efo'r wedd, ac roedd y ferlen wedi'u hadnabod nhw.

Fe brynodd Nain hen dafarn y Red Lion yng Nghilcain a'i droi'n dŷ a'i enwi'n Llys Eifion. Cwmni o Fwcle wnaeth y gwaith. Aeth yno i fyw gyda'i merched.

Felly roedd un taid a nain yn ofalwyr Capel Cilcain pan adeiladwyd yr ysgoldy yn 1905, ac fe wnaeth y nain arall droi'r Red Lion yn dŷ, dau beth a siapiodd gymeriad y llan ar ddechrau'r ugeinfed ganrif.

Roedd teuluoedd fy mam a 'nhad yn byw fwy neu lai gyferbyn â'i gilydd. Priododd y ddau yn 1929.

Llys Eifion

Cefais fy magu yn Llys Eifion.

Roedd dyn o'r enw Tomi Seimon yn berchen ar Bryn Awelon ynghyd â 25 acer yno a 25 arall wrth y Gronfoel, ac fe wnaeth o gynnig y lle ar werth i Nhad am yr un pris â Llys Eifion. Ond roedd fy nain wedi rhedeg allan o bres erbyn hynny, felly ar ôl priodi, fe brynodd Nhad Llys Eifion ganddi hi a mynd yno i fyw. Sefydlodd ei siop saer yn y llofft uwchben y stabl a'r beudy, ac wrth gwrs roedd y lleoliad yn gyfleus iddo yn y llan. Roedd Nain ac Anti Annie, chwaer ddi-briod Mam, yn byw yno hefyd, er bod Anti Annie yn cael gwaith fel morwyn yma ac acw ac yn mynd i ffwrdd i weini am gyfnodau. Byddai Nain yn mynd i aros efo'i merched eraill wrth gwrs, sef Lisa Elin, neu Anti Bet fel roeddwn yn ei galw hi, yn Tŷ Isa, Pentrecelyn, ac Anti Rachael, gwraig y Parch. James Humphreys, oedd yn byw yn Rhosllannerchrugog ar y pryd. Ond Llys Eifion oedd ei chartref parhaol. Fe gafodd fy chwaer Eirlys ei geni yn Chwefror 1930, a'i henwi ar ôl y lili wen fach oedd yn yr ardd ar y pryd, a minnau yng Ngorffennaf 1934.

Roedd gan Llys Eifion ddwy ystafell ffrynt ar un lefel, lefel y ffordd, yna yng nghanol y tŷ roedd yna ddwy stepen i lawr, ac roedd cefn y tŷ yn is na'r blaen. Y selar fydden ni'n galw'r ystafell bellaf un yn y cefn er ei bod ar yr un lefel â'r *dairy* a'r gegin ar draws cefn y tŷ. Roedd yna ddrws yn y canol yn y ffrynt, efo ystafell o bopty a'r grisiau yn mynd i fyny o'ch blaen chi.

Ar dop y grisiau, roedd yna wal gerrig a drws digon isel wedi bod ynddi. Roedd yna dair ystafell yn fy amser i ar draws cefn y tŷ, dwy lofft a bathrwm yn y canol gyda dim ond palis pren rhwng bob un. Doedd yna ddim waliau achos pan oedd y lle'n dŷ tafarn roedd honno'n un ystafell fawr, hyd y tŷ. Yn yr ystafell ar yr ochr chwith, wrth edrych o ben y grisiau, roedd yna step yn y wal a mainc bren arni, uchder sedd, ar hyd y wal i eistedd arni. Roedd yna glwb yng Nghilcain, *Order of Foresters*, ac yn y fan honno roedd y clwb yn cyfarfod.

Wn i ddim am ddyddiadau ond dwi'n meddwl bod y clwb wedi dal i fynd tan tua dechrau'r Ail Ryfel Byd. Cyn i'r *National Health* ddechrau, roeddech chi'n talu hyn a hyn yr wythnos, ac os oeddech chi'n sâl, fyddech chi'n cael arian o'r clwb. Fyddai'r hen bobl yn sôn am fod 'ar y clwb' os oedd rhywun yn wael. Dwi'n cofio mai ysgrifennydd olaf y clwb oedd William Griffiths, neu Willie Tŷ Capel. Mae gen i gof plentyn o ryw garnifal yn y pentref a Willie

Griffis yn gwisgo sash fawr yr *Order of Foresters* dros ei ysgwydd. Roedd hi'n rheol nad oeddech chi fod i gael eich gweld allan gyda'r nos os oeddech chi ar y clwb neu mi fyddai'n ddrwg am arian arnoch chi'r wythnos wedyn.

Doedd yna ddim wal rhwng drws ffrynt Llys Eifion a'r ffordd i gychwyn. Roedd yn agored, ac roedd yna *mounting block* yn erbyn y wal agosaf at Preswylfa. Buarth *cobbles* oedd yn y ffrynt. Fe gafodd yr ardd ei gwneud ar ben y buarth. Nain gafodd godi wal rhwng y tŷ a'r ffordd.

Tu ôl i Lys Eifion, roedd yna lyn ar ochr isa'r buarth oedd wedi ei lenwi ers blynyddoedd. Roedd rhan o'n gweithdy ni wedi'i adeiladu ar le bu'r llyn yma. Os wnaech chi dyllu yno, fyddech chi'n dod ar draws hen getynnau clai. Roedden nhw'n eu taflu nhw i'r llyn pan fydden nhw'n torri. Roedd yna ddarnau o hen boteli yno hefyd. Roedden nhw'n bragu yn y Red Lion hefyd medden nhw. Gwelais hen grochan fawr rhyw dro, ac roedden nhw'n dweud mai hen grochan bragu'r Red Lion oedd o. Yn yr adeilad y byddem ni'n ei alw'n *back kitchen* fel dwi'n deall, sef darn ar dalcen y tŷ, roedd y grochan yma ers talwm. Roedd yna simnai yno.

Wrth droi i mewn i fuarth Llys Eifion, roedd yr adeiladau ar hyd yr ochr dde yn creu siâp L gyda'r tŷ o'ch blaen. Y stabl oedd agosaf at y giât, ac yna'r beudy agosaf at ddrws y tŷ. Roedd yna risiau pren ar dalcen y stabl i fyny i'r siop saer. Roedd y pethau mawr y tu allan ar y buarth. Er enghraifft, roedd yna fwrdd llif ar y buarth, gydag injan yn y stabl a belt drwy dwll yn y wal. Roedd Nhad yn gwneud bywoliaeth fel saer ond hefyd yn cadw lle bach gan ffermio ychydig i gadw teulu. Fe brynodd gaeau oddi wrth Dafydd Puw oedd yn byw yn y Bwlch, felly roedd gennym ryw 18 acer i gyd. Roeddwn innau fel hogyn yn helpu i fwydo'r mochyn a'r lloi a'r ieir ac ati gan ryddhau Dad i wneud ei waith ei hun. Roeddwn hefyd yn mynd i'r gweithdy i helpu, a dwi'n cofio dal y lamp pan fyddai Nhad yn gwneud rhyw job gyda'r nos. Wrth i fy mraich flino, byddai'r golau yn mynd yn is ac yn is a Nhad yn dweud: "dalia fo fyny! Os fedri di weld be' dwi'n ei wneud, mi fedra i weld!" Dyna sut y dechreuais ddysgu am waith saer o oedran cynnar mae'n siŵr.

Fy nhad oedd y cyntaf yn y plwyf i brynu tractor gan Bob Edwards, Abbey Garage, Dinbych a hynny cyn yr Ail Ryfel Byd. Defnyddiai'r Fordson Bach i gario coed a chan fod ganddo bwli, fe'i defnyddid i droi'r bwrdd llif.

Ymhen amser, fe gododd fy nhad weithdy newydd ar draws y buarth, efo *sheets* wedi crymu ar y to. Oherwydd *rations* ar ôl y rhyfel, roedd angen *permit* i gael coed, ond roedd gennym ni ddigon. Fe brynodd fy nhad injan fawr o'r chwarel ym Mhen Lein. Gwneuthuriad yr injan oedd Ruston Hornsby. Roedd yna *overhead cable* o'r chwarel i lawr i ffordd Llangynhafal i gario cerrig gan nad oedd lorïau yn gallu mynd i'r chwarel, a'r injan oedd yn gyrru'r cebl ers llawer dydd. Bu'n rhaid i Nhad wneud trelar i'r tractor i'w gario adref, ac fe wnaeth gwt i'r injan ar y buarth, efo siafft o dan ddaear i yrru morteisiwr, plaeniwr a bwrdd llif yn y gweithdy newydd. Roedd hefyd yn troi deinamo i gynhyrchu golau trydan 110 folt yn y gweithdy.

Dyna sut roedd pethau pan wnes i fadael ysgol, ond cyn dweud fy hanes i wrth fainc y saer, mae'n werth sôn am waith a bywyd fy nhad, a'r gymdeithas y cefais fy ngeni iddi.

Y saer

Saer oedd fy nhad wrth ei alwedigaeth, wedi'i brentisio efo John Dafis (John Walter Davies) y saer. Roedd yr hen weithdy yr adeg honno reit wrth ochr giât yr eglwys. Pan fydden nhw'n clywed plant yr ysgol gyferbyn yn canu'r Hen Ganfed, roedden nhw'n gwybod ei bod yn amser cinio! Saer troliau oedd o, a throliau a giatiau ac ati oedd y prif waith. Wrth gwrs, roedd yn rhaid mynd ati i baratoi'r coed eu hunain, taflu coed a'u llifio a'u sychu. Coed cartref fydden nhw'n ei ddefnyddio rhan fwyaf.

Fyddai gan Nhad lawer i stori am 'yr hen saer' chwedl yntau, oedd yn dipyn o gymeriad. Roedd ganddyn nhw fwyler stêm, *portable boiler*. Doedd o ddim yn gyrru fel traction stêm, roedd yn rhaid cael ceffylau i'w dynnu o i'w symud o gwmpas. Roedd hwnnw ar fuarth y saer. Roedd ganddyn nhw fwrdd llif mawr a bwrdd llif efo tryciau'r ddau ben i'r bwrdd llif. Roedden nhw'n codi coeden efo *three leg*, tair coes bren i fyny, polyn uchel a phwli, ac roedden nhw'n codi'r coed efo hwnnw ar y tryciau 'ma, fatha tryciau bach lein mewn ffordd, ac wedyn roedd hwnnw'n rowlio at y bwrdd llif, ac felly roedden nhw'n gyrru'r goeden drwy'r llif. A'r hen saer yn rhoi tân yn y bwyler i godi stêm i gael llifio, ac ar ben y bwyler mae 'na *safety valve*. A beth fyddai'n ei wneud – dyn ofnadwy oedd o – wrth lifio rhyw goeden go fawr, derwen neu rywbeth felly, ond taflu darn o tsiaen dros y *safety valve* yma er mwyn cael codi mwy o *pressure*. Mi fase'n ddigon hawdd i'r bwyler chwythu'n yfflon! Mwy o bresiar o lawer nag oedd y peth i fod i'w ddioddef, ond rhyw gampau felly fydde fo'n eu gwneud. Doedden nhw ddim yn gwybod y perygl roedden nhw ynddo fo a dweud y gwir.

Mi fyddai John Dafis hefyd yn cymryd gwaith ar gontract, ac yn mynd i lifio ar ystadau. Wedyn roedd angen symud y bwrdd llif a'r bwyler. Er enghraifft, mi fydden nhw'n mynd i Coed Du, Rhydymwyn, efallai am fis ac yn llifio bob dydd – llifio coed at wahanol ddefnydd – ffensio, planciau ar gyfer gwaith ar yr ystâd (roedd y rhan fwyaf o ystadau yn cadw saer eu hunain) – a hyd yn oed yn llifio coed tân. Roedd yn rhaid i'r rheini fod o faint arbennig ar gyfer grât y parlwr neu'r llofftydd. Mi fydden nhw'n eu tasu am ddwy flynedd efallai cyn eu llosgi. Mi fuon nhw'n llifio ym Mhenbedw, Nannerch, ac ar ystâd y teulu Bankes yn Llaneurgain. Mi fyddai'r hen saer yn aros adref yn y gweithdy ac yn anfon fy nhad efo'r bwyler. Roedd yn dipyn o waith i foi ifanc, efo'r cyfrifoldeb i gyd arno fo.

Mi fyddai'r hen John Dafis yn mynd i brynu coed yma ac acw, ac mae'n saff i mi ddweud erbyn hyn y byddai'n mynd i fyny Cwm Llydan sydd rhwng Cilcain a Thafarn y Gelyn yng ngodre Moel Famau ac yn perthyn i ystâd Potts Glanrafon. Byddai'n mynd i edrych yn dilyn rhyw wynt mawr pan fyddai coed pin wedi dod i lawr, yna'n mynd i'r plas. "Mr Potts, there are three trees down in Cwm Llydan." "How much will you give me for them Mr Davies?" Hyn a hyn. Iawn. Yna mynd yno i lifio'r coed i'w cario adref, ac mi fyddai'r hen saer yn gweld rhyw goeden reit ddefnyddiol, ac yn torri honno i lawr hefyd ac yn cuddio'r stôl, sef bonyn y goeden, rhag i neb weld! Byddai Nhad yn dweud bod yr hen saer wedi dwyn digon i'w grogi lawer gwaith!

Roedd ganddyn nhw *pole wagon* i gario coed. Ar ddiwrnod gwlyb, mi fydden nhw'n cael ffermwyr i ddod efo ceffylau pan nad oedd y tywydd yn ffit i wneud gwaith ar y tir. Fel y gellir dychmygu, roedd hi'n wlyb ac yn fudr ac roedd yna le ofnadwy. Wedi hynny, mi brynodd dractor, hen Fordson Standard, eto un o'r rhai cyntaf yn yr ardal. Nid teiars rwber oedd arno ond olwynion efo bariau haearn arnynt, *clee tracks*. Roedd o mewn helynt byth a beunydd efo syrfëwr y cyngor wedyn oherwydd, wrth ddod â choed o wahanol lefydd, roedd o'n malu'r ffordd efo'r hen dractor yma, yn rhacsio wrth dynnu i fyny elltydd gan ddinistrio'r metlin ar wyneb y ffordd.

Gwneud trol

Doedd yna ddim plan wrth wneud trol, dim mesurau i lawr. Roedd yna batrymau i rai pethau, wedi eu torri allan o bren, ond dim mesurau. Byddai Nhad yn gwybod pob mesur, pob tamaid o'r drol, i gyd yn ei ben. Roedd ganddyn nhw eu mesurau eu hunain. Roedden nhw'n newid o ardal i ardal, ac roedden nhw'n eu hadnabod nhw wrth eu gweld, "trol o fan a'r fan ydi honne" a digon tebyg efo berfa hefyd. Roedd gan grefftwyr eu patrwm eu hunain i wneud berfa bren.

Wrth wneud trol, roedd angen gwneud both yr olwyn allan o dderw. Felly roedd angen lwmp o dderw, a'i durnio'n grwn. Doedd gan John Dafis ddim turn (*lathe*) fel yn yr oes yma. Yr hyn oedd ganddo oedd ffrâm ar y buarth gydag echel arni. Byddai'n tyllu bonyn pren yma, hynny yw rhoi twll yn ei ganol, a'i roi o ar yr echel yma. Ar un pen i'r echel roedd yna glamp o olwyn fawr, rhyw fath o *flywheel*, ac wedi gosod y pren ar yr echel, mi fyddai un yn troi'r handlen, a'r olwyn yma'n rhoi momentwm yn rhoi tro i'r peth, a'r llall wrthi efo cŷn yn turnio.

Efo rhyw fonyn fel yna, os nad oedd yn hollol sych, mi fydden nhw'n ei roi mewn hen grochan efo tân o'i gwmpas, ac yn ei ferwi. Wrth ferwi derw, mae'r sug yn dod ohono yn ddu fel inc. Wedyn gadael iddo sychu am rywfaint o amser ac mi fyddai'n sychu'n greciau mân mân. Ond os oedd lwmp o bren yn cael ei adael fel ag yr oedd o, mi gaech chi un crec, crec gwynt fydden nhw'n dweud, un hollt fawr ynddo fo fyddai'n ei ddifetha a fyddai'n dda i ddim. Rhaid oedd ei sychu o gyntaf, ac yna ei durnio, a marcio'r pren i gyd. Yna rhaid oedd morteisio ar gyfer pob aden (*spoke*), yr edyn allan o onnen. Wedyn camogau (*felloes*) rownd y tu allan – roedd eisiau morteisio'r rheini i gyd i'w lle.

Roedd yn wythnos o waith i wneud pâr o olwynion, ac roedd gofyn mynd ati'n galed i wneud hynny oherwydd gwaith llaw oedd y cyfan. Roedden nhw'n gwybod i beidio gwneud y jointiau'n rhy dynn, achos y cam nesaf oedd rhoi cylch haearn arno fo. Yr hen drefn oedd rhoi'r hyn roedden nhw'n eu galw'n *strokes* ar yr olwyn bren. Darn o gylch oedd *stroke* rhyw lathen o hyd, ac roedd o'n cael ei hoelio ar y tu allan i'r olwyn. Yn ddiweddarach fe ddaethon nhw i roi cylch cyfan.

Wrth roi cylch cyfan, roedd angen twymo'r cylch gan gydweithio efo'r gof.

Cylchu olwyn

Roedd y siop sacr yn nhop y llan, a'r efail ar y groesffordd ar ganol y llan, felly rhaid oedd powlio'r olwyn o'r siop saer i'r efail i gylchu. Mi fuon nhw'n cylchu ym muarth y siop saer hefyd, a hynny'n golygu bod y gof yn mesur yr olwyn ac yn gwneud cylch ar ei chyfer hi. Rhaid oedd twymo'r cylch cyfan mewn tân mawr ar y llawr nes ei gael o'n boeth reit rownd iddo gael ehangu yn y gwres. Yna ei ddisgyn am yr olwyn, a'i guro i'w le, a thywallt dŵr arno fo i'w oeri rhag iddo losgi gormod ar yr olwyn, ac wrth oeri mi fyddai'n gwasgu. Os oedd yr olwyn wedi cael ei gwneud yn rhy dynn, mi wnae ystumio. Roedden nhw'n gwybod yn union faint o wasgfa i'w roi.

Ym muarth y saer roedd yna hen dwll, fu'n bwll llifio yn yr oes pan oedden nhw'n llifio efo llif bwll. Hynny yw, roedd un dyn yn sefyll ar y top ac un oddi tanodd yn y pwll. Gosodwyd ffrâm bren dros y twll yma a rhoddwyd y goeden ar y ffrâm. Roedd y dyn ar y top yn codi'r llif i fyny ac yn llifio ar ei phen i lawr. Hen ysglyfaeth o job oedd bod yn y pwll achos roedd y llwch llif yn dod lawr am eich pen. Y dyn ar y top oedd yn canlyn y llinell i sicrhau eu bod yn 'cadw'r lein' ac yn llifio'n syth, a'r creadur yn y gwaelod yn gwneud y gwaith caled. Roedd hi'n llif unffordd, yn llifio ar i lawr ac yn codi i fyny'n wag. Roedd y pwll lli' dal yno, yn llawn o ddŵr, ac yn ddefnyddiol iawn ar gyfer cael digon o ddŵr i oeri cylch.

Dwi'n cofio Nhad yn cylchu yn y buarth y tu ôl i'r efail.

Caleb Jones oedd y saer cyn John Dafis, ac wedyn Johnnie Jones fy nhad, a minnau ar ei ôl o. Ond wrth gwrs roedd y busnes wedi newid erbyn hynny.

Mae gen i hen lyfr cownt sy'n dangos prisiau pethau – stôl odro, giatiau, berféi, drysau, handlenni offer fferm. Er enghraifft, yn 1925, gwnaed trol newydd i Mr Adams, Maes Mawr am £16-12-6. Pris stôl odro i Mr Williams Tŷ Ucha oedd un swllt a naw ceiniog. Roedd yna lawer o waith trwsio a chynnal a chadw hefyd. Mae'r cwsmeriaid yn cwmpasu'r gymdeithas gyfan, gydag enwau perchnogion y ffermydd a'r tai wedi eu nodi'n ofalus yn llawysgrifen gain fy nhad. Mae'n gipolwg ynddo'i hun o drigolion y plwyf o'r dauddegau i'r pumdegau. Roedd pris angladd yn y dauddegau, yn cynnwys arch dderw, oddeutu degpunt. Erbyn 1954, roedd y pris oddeutu deg punt ar hugain.

Fe wnaeth fy nhaid bump o giatiau i Jones y Berth rhywdro. Adeiladydd o Lerpwl oedd o, ac mae'n siŵr gen i ei fod yn ddyn go gefnog yn ei amser. Giatiau *pitch pine* oedden nhw efo rheilsen haearn ar hyd y top, rhai arbennig o dda yn wahanol i giât cae. Roedd gan weithdai eu patrymau eu hunain, dilyn ymlaen, Nhad yn defnyddio patrymau John Dafis – giât pum ralsen; a berfa – eu patrwm eu hunain. Mi fues i'n gwneud berféi fy hun, a does yna'r un joint sgwâr mewn berfa. Mae pob peth ar dapar. Mae'r handlenni'n rhedeg reit drwodd i'r pen blaen lle mae'r olwyn yn mynd, a phob coes bren ar draws i'r rheini. Does yna ddim ysgwydd sgwâr i ddim byd. Mae'n dipyn o grefft a dweud y gwir ac yn ddiddorol dros ben. Roeddwn i'n licio gwneud berfa, ond fues i ddim yn gwneud olwyn bren. Roedd fy nhad yn gwneud olwynion pren – croes yn y canol a chamog pren o'i chwmpas, a mynd â fo at y gof eto i'w gylchu. Doedd gan fy nhad ddim math o fesur ar bapur, roedd y cyfan ar gof a chadw ganddo.

Fe soniais am durnio ar durn *makeshift*. Un o'r pethau mwyaf pwysig ar ôl gwneud olwynion oedd eu gosod nhw ar y drol. Roedd echel trol, o dan y drol, yn bren, yna dwy echel haearn wedyn a elwid yn *stub axles* yn sticio allan lle'r oedd yr olwyn yn mynd arnynt, wedi eu gosod yn y pren. Roedd yna bwshien haearn i fynd i mewn i foth yr olwyn, a honno'n mynd ar yr echel. Fel gyda phob car, mae'n bwysig bod y trac yn iawn. Os ydi olwyn car yn troi i mewn, mi wisgith y teiar ar y tu mewn, ac os ydi o'n lledu allan dipyn bach, mi wisgith y teiar ar y tu allan. Rhaid iddo fod yn *dead on*, neu fymryn bach ar i mewn, ac mae'r olwyn yn troi'r un fath. Fydden nhw'n dweud: "Clywch y drol yne'n clopian." Roedd hi'n mynd clip, clop, clip, clop. Roedd yn rhaid iddi redeg fel ei bod yn rhedeg at allan ac yn ôl i'r bôn, allan ac yn ôl i'r bôn, fel yna bob yn ail. Roedd yna limpyn ar yr echel rhag i'r olwyn ddod i ffwrdd, a tase hi'n rhedeg at allan o hyd, mi fase'n gwisgo'r limpyn ac mi fase'r olwyn yn dod i ffwrdd o'r drol. Os oedd hi fel arall, yn gwasgu ar y bôn, mi fase fel rhedeg efo'r brêc arnodd.

Gosodiad yr echel oedd rhan bwysicaf gwneud trol. Enghraifft deg o hyn oedd trol Caleb Worthington, Maes y Groes. Roedd angen echel newydd arni ac ail-wneud yr olwynion, ac fe gafodd fy nhad ei gosod hi. Roedd Caleb Worthington yn dweud, "Pan ddois i Maes y Groes gynta, roedd honne'n llwyth o drol. Ond ar ôl i Johnnie Jones roid echel a 'lwynion newydd arni, roedd hi'n drol i gario llwyth!" Roedd yn bwysig iawn ei bod hi'n rhedeg yn rhwydd.

Trol oedd yn tipio oedd yn ardal Cilcain fwyaf, yn codi ar y fran felly, ac yn tipio. Y fran oedd yr haearn ar y pen blaen, a rhes o dyllau ynddo fo. Gallech godi'r drol rhywfaint a rhoi peg mewn twll i'w dal hi i fyny. Tynnu tail yn dalpiau ar hyd y caeau fydden nhw, ddywedwn ni, ac wrth i'r drol ysgafnu, ei chodi'n uwch ar y fran, peg mewn twll arall, ac roedd hi'n codi'n uwch o hyd. Ar ben y drol wedyn, i gario gwair, roedd yna hyd yr oedden nhw'n ei alw'n ofergyfannau, sef rhyw fath o giât oedd yn sticio allan tu blaen a thu ôl i'r drol. Roedd y *cratches* fel yr oedd rhai yn deud, ofergyfanne, yn mynd dros gefn y ceffyl, dros ei grwmp o yn y pen blaen, ac wedyn yn sticio allan dros y cefn. Wedyn llenwi'r trwmbal, hynny yw'r bocs ei hun i ddechrau, a llwytho wedyn. Roedd y drol ddwywaith yr hyd efo'r ofergyfanne i wneud llwyth o wair. Er ei fod yn llwyth mawr yr olwg, doedd o ddim yn llwyth trwm – gwair sych, gwair rhydd.

Roedd llwytho yn grefft arall ynddi'i hun. A chynaeafu ŷd, pan oedden nhw'n torri efo pladur, rhwymo ysgubau efo llaw; yna fe ddaeth y beindar wedyn a hwnnw'n torri ac yn rhwymo efo llinyn. A chodi stycie wedyn ar y caeau i'r grawn galedu, ac ar gynhaeaf drwg roedd yna waith ofnadwy. Roedd eisiau lledu eu gwaelod nhw, lledu rownd y goes, mynd yn ôl a'u hel nhw, a'u rhoi nhw yn ôl yn styciau efo'r brig, y grawn, ar i fyny, rhag iddi ddod yn law yn y nos a'u gwlychu nhw eto. Roedd hi'n felltith o job os oedd yna asgell!

Y gof

John Huws wnaeth y giatiau ar eglwys Cilcain. Roedd o'n chwip o of, yn grefftwr da iawn. Mae'r giatiau o dan y *lych-gate* hyd heddiw. Mae 'na blât bach efydd ar y glicied yn dweud 'John Hughes, R.S.S., *Registered Shoeing Smith'*, a'r dyddiad 1902. Dwi'n cofio Nhad yn dweud pan oedd o'n fachgen bach yn byw yn Tŷ Capel bod John Huws wedi gwneud y giatiau yma, ac roedden nhw wedi cael eu rhoi yn Hafod Wen sydd y tu ôl i'r efail. Doedd neb yn byw yno ar y pryd, ac roedd John Huws yn cael cadw ei stwff yno, ac roedd giatiau newydd yr eglwys i mewn yn y fan honno, a rhywun wedi cymryd y gwaith o'u paentio nhw iddo fo. Roedd fy nhad yn dweud bod John Huws wedi mynd â fo yno i ddangos y giatiau, a rheini efo aur arnyn nhw'r un fath â gwaywffyn ar y giatiau, wedi'u paentio'n grand a thipyn o goch, ac yn werth eu gweld. Mae 'na waith bendigedig arnyn nhw. Ges i'r fraint o wneud giatiau ar y maes parcio pan wnaed hwnnw y tu ôl i'r eglwys lawer yn ddiweddarach.

Roedd yna sgwlmistar, sgwlyn fydden nhw'n dweud, yn Tŷ'r Ysgol, a dwi'n credu mai dyn efo un fraich oedd o, am ei fod yn hen sowldiwr. Roedd ganddo fo fab, Dic Sgwlyn, oedd yn dipyn o bry! A dyma hwnnw un diwrnod yn dod i fyny'r llan ac yn gweld John Huws wrthi yn yr efail. Yn yr efail yng Nghilcain, lle'r oedd y tân, roedd yna ddrws a ffenest fel shytar, dim ond twll agored heb wydr arno fo i gael gwynt i glirio mwg ac ati. Yn ochr yr efail wedyn, roedd yna hofel agored lle'r oedden nhw'n pedoli. A dyma fab yr hen sgwlyn yn dod at y ffenest a John Huws wrth y tân yn chwythu'r tân, ac yn galw arno fo, "Wyddoch chi be' John Huws? Ges i ddiawl o dro heddiw." "Taw fachgen! Beth oedd o?" "Wyddoch chi be', ond am un gair mi faswn i 'di cael canpunt!" "Tewch! Canpunt?" medde fo, ac roedd canpunt yn bres mawr yr adeg honno. "Do, mi es i'r dre' a gofyn i'r bancar am ganpunt, a dyma fo'n deud *no*. Tasa fo di deud *yes* faswn i 'di ga'l o!" "Dos o'ma'r diawl!" meddai John Huws, ond erbyn hynny roedd o wedi'i hen hel hi! Doedd pobl ddim yn gwneud lol felly efo John Huws. Doedd o ddim yn ddyn i lolian efo fo.

Gwaith aur

Mi fu yna waith aur yng Nghilcain ers talwm hefyd. Dwi'n cofio sôn am rai yn gweithio yno, yn uwch i fyny na Phlas Newydd ar ffordd Pen Lein. Roedd yna fferm o'r enw Penmachno yno, dwi'n cofio'r adfeilion, ac roedd yna le arall reit yn y top ym Mhen Lein hefyd, cyn mynd drwy'r giât drosodd i Ddyffryn Clwyd yr ochr arall. O dan Penmachno yn y fan honno, roedd yno siafft lle'r oedden nhw'n tyllu am aur. Roedd lot yn cerdded y ffordd honno i groesi i'r dyffryn, a dwi'n cofio stori am ddau ddyn yn gweithio yno, wedi sincio siafft i chwilio am aur. Roedd un ar y top yn weindio'r sbwriel i fyny mewn bwced, a'r llall i lawr, a dyn blin difrifol oedd hwnnw. Roedd o'n gofyn i'r dyn ar y top i yrru prop neu rywbeth i lawr, hyn a hyn o hyd, ac yntau'n gwneud ond doedd o ddim yn iawn. Fe aeth hyn ymlaen drwy'r dydd, a phethau'n anhylaw, nes yn y diwedd fe weindiodd yr un ar y top y bwced i fyny a dweud, "Wel arhoswch yne te!" a'i adael o lawr y siafft. Roedd rhywun yn croesi yn y nos, a chlywed sŵn gweiddi a mynd i weld beth oedd, a gollwng y bwced a dod â fo i fyny. Felly roedden nhw'n dweud.

Ym Mhen Lein y ganed Thomas Roberts, bildar yn Stryd Caer yn Wyddgrug ers talwm. Roedd ganddo iard yn Hall Field wedyn, yn llifio coed ac ati, a'i offis o'n is i lawr na'r Boar's Head. Roedd Pen Lein yn bell o'r pentref. Ac roedden nhw'n dweud am y Penmachno yma, bod yna gaeau bach odisa'r ffordd, ac roedden nhw wedi trin y tir yno, a rhywun yn dweud mai dyna'r gwenith mwyaf welson nhw erioed, yn y fan honno o bob man, gwenith yn uwch na phen dyn medden nhw.

Roedd llawer yn mwyngloddio ac amaethu law yn llaw i ennill bywoliaeth wrth gwrs. Roedd yna amryw o weithfeydd plwm yn yr ardal ers talwm, a phyllau glo yn y dre.

Roedd Nedi Tomos, Tan y Bryn, yn ddyn bychan a dipyn o atal dweud arno fo. Roedd Robert Jones Cefn Isa yn ddyn go dal. Roedd y ddau ohonyn nhw'n gweithio yn y meins – y mwyngloddiau – ac yn cerdded drosodd heibio Pen y Cefn. Roedd yna lyn wrth ochr y ffordd wrth Pen y Cefn yn ôl y sôn. A Robert Jones yn dweud yn y tywyllwch wrth gerdded heibio, "Does gynna i ddim llai nag ofn wrth basio fama wir!" "Hy!" meddai Nedi Tomos, "Fydda i'n h-h-hidio mono fo!" fel petai'n gawr o ddyn!

Roedd Robert Jones Cefn Isa yn hollol foel. Doedd ganddo ddim blewyn arno oherwydd rhyw glefyd. Doedd o ddim yn hidio am y gwallt ar ei ben, medden nhw, ond roedd o'n gweld eisiau ei aeliau am fod chwys yn hallt ac yn rhedeg i'w lygaid. Roedd o'n flaenor yng Nghapel Cilcain, ac mae o yn yr hen lun ar wal y festri. Wn i ddim a oes rhywun yn edrych ar hen luniau du a gwyn ar waliau hen gapeli bach Cymru weithiau, ac yn tybied pwy ydi'r bobl sy'n edrych mor syn ynddyn nhw yn eu dillad gorau? Gobeithio wir bod atgofion ambell un fel fi yn cadw'r cof amdanyn nhw'n fyw. Mae ambell sylw bach mewn stori yn dod â chymeriad yn fyw yn dydi, ac yn cyfleu'r dyn yn ei ddillad gwaith rhywsut, efo chwys ar ei dalcen.

Mi fyddai'r un dynion oedd yn gwneud shifftiau yn y meins hefyd yn llafurio yn y cynhaeaf. Roedd Dyffryn Clwyd yn cael ei gyfrif o leiaf dair wythnos ar y blaen i ardal Cilcain efo cynhaeafu. Fydden nhw'n mynd drosodd i'r Dyffryn efo'u pladuriau, i dorri gwair i ddechrau, ac yna'n dod yn ôl i Gilcain i dorri gwair adref, a'r un fath wedyn i dorri ŷd. Roedden nhw'n cael y cynhaeaf y ddwy ochr i'r mynydd. Bydden nhw'n gweithio mewn rhes, ar letgroes ar hyd y cae, y cyntaf yn torri wana, a'r ail yn torri wana ar ei ôl, ac felly y bydden nhw'n mynd. Roedden nhw'n gweithio'n galed wrth reswm, ac roedd bod yn bladurwr da yn grefft arbennig, a'r gyfrinach fawr oedd hogi'r bladur a chadw min. Dwi'n cofio Nhad yn sôn am Nedi Tomos Tan y Bryn unwaith eto, dipyn o gymeriad. Roedd o'n mynd efo nhw i bladurio i ryw fferm yn Nyffryn Clwyd, ac yn fistar ar ei grefft cystal â'r un, ond y ffermwr yn ei roi i dorri'r cornelau am ei fod yn fychan gan feddwl na fedrai ddilyn y lleill, a hynny wedi pechu Nedi'n ddifrifol.

Roedd ganddo gae yn Tan y Bryn (nesaf at Tŷ Ucha'r Llan), "a-a-a mi faswn i'n prynu un arall hefyd tase gen i rywle i'w roid o!" meddai.

Ffermio

Plas yn Llan oedd y fferm fwyaf yng Nghilcain, wedyn Tŷ Mawr. Yr adeg honno, roedd fferm o ryw gan acer yn cael ei chyfri'n fferm go fawr o feddwl mai eu gweithio nhw efo ceffylau ac efo llaw oedden nhw. Fyddai'r Thomasys oedd yn byw ym Mhlas yn Llan yn amser fy nhad yn cadw ydlan werth ei gweld medden nhw. Mi fyddai yna giât bob pen, a rhes o deisi ŷd ar hyd un ochr, a rhes o deisi gwair ar hyd yr ochr arall, a phob tas ŷd wedi ei thoi'n daclus a'i rhwymo i lawr efo rhaffau. Byddai ffermydd hefyd yn gadael i bobl dyfu rhes o datws efo nhw mewn cae gan fod magu mochyn yn gymaint rhan o gynhaliaeth llawer teulu, a'r tatws yn bwysig i'w gynnal o yn ogystal â'r teulu ei hun. Yna, i dalu am y tatws, roedd yn rhaid mynd i godi tatws i'r ffermwr. Yn yr un modd, os oedd tyddynnwr wedi tyfu un cae o ŷd efallai, doedd o ddim yn gweld gwerth mewn gwneud tas adref gan y byddai'n ormod o drafferth i'r dyrnwr fynd rownd bob man. Felly byddai'n cario'r ŷd i'r fferm agosaf a gwneud cocyn neu das yno ar gyfer diwrnod dyrnu. Pan ddoi'r diwrnod hwnnw, roedd eisiau mynd i roi diwrnod o lafur i helpu'r ffermwr i dalu am le'r das. Dyna'r drefn, rhyw *barter system*.

Roedd diwrnod dyrnu yn ddiwrnod mawr. Mae gen i gof plentyn o dracsiwn stêm yn dod i Dŷ Mawr. Mi fyddai yna halibalŵ, a chriw mawr, deg neu ddeuddeg o ddynion – *a* chymeriadau! Dwi'n cofio Nhad yn sôn am ddiwrnod dyrnu yn Tŷ Ucha, ac roedd yna lygod mawr difrifol wedi dod yno, yn rhedeg o stôl y das i dwll o dan rhyw garreg fawr yng nghornel yr ydlan. Ar ôl gorffen, dyma Sei Langford, dyn cryf a chaled, ar ei liniau wrth y garreg yma, a rhoi ei law lawr y twll a thynnu llygod mawr allan a'u taro nhw ar y garreg. Mi dynnodd lond berfa, ac mae eisiau dyn go lew i wneud hynny! Roedd Sei Langford wedi bod yn Ne Affrica ar y *Gold Coast*. Roedden nhw'n galw'r lle yna'n *white man's grave*, ac roedd blwyddyn yn y fan honno yn ddigon i ddyn gwyn medden nhw, ond fe arhosodd Sei Langford yno am ddwy flynedd!

Dwi'n cofio stori arall amdano yn y farchnad yn y dref. Roedd o'n digwydd dod i mewn o'r stryd fawr pan ddihangodd mochyn o'r ocsiwn a mynd ar garlam am y stryd. Mochyn ydi'r anifail anoddaf i'w ddal am nad oes dim i afael ynddo! Wrth i Sei Lanford ddod i'r farchnad daeth y mochyn i'w gyfarfod *full gallop*. Mi aeth lawr ar un ben-glin ac mi daliodd o wrth ei goes, a dal gafael ynddo efo un llaw. Mi roedd yna sôn amdano ar ôl hynny!

Ei frawd o, Walter Lanford, oedd y tafarnwr yn

y llan. Mae gen i gof amdano'n cadw'r White Horse. Roedd ganddo dyddyn bach hefyd, ac mi fyddai'n cadw stalwyn ac yn cerdded y wlad efo fo. Weithiau mi fyddai i ffwrdd drwy'r wythnos. Mi fyddai'n cychwyn ar fore Llun draw am ochrau Llandegla, drosodd i Ruthun ac ar hyd Dyffryn Clwyd am Ddinbych, ac yn ôl ar brynhawn Sadwrn o'r ffordd fawr yn Star Crossing ac i fyny i'r llan. Roedd ei ŵyr o, Vincent Vaughan, yn grwbyn ac f'oed i, a dwi'n cofio'n iawn mynd i gyfarfod Walt efo'r stalwyn ac yn meddwl ein bod ni'n gewri wrth ochr y ceffyl gwedd mawr yma, ceffyl oedd yn pwyso tunnell, a ninnau'n *chaps* garw.

Roedd diwrnod pedoli'r stalwyn yn ddiwrnod mawr yn yr efail – clamp o bedolau, a Llywelyn yn rhoi rhaff trwy ring yn nhop y drws i godi traed y ceffyl. Roedden nhw'n rhy drwm iddo fo'u dal nhw ei hun.

Diwrnod dyrnu

Roedd cymdogion yn helpu'i gilydd, yn rhoi diwrnod i ddyrnu ac yna'r fferm honno'n rhoi cymorth iddyn nhw. Robert Jones, Bryn Saeson, Llanferres, fyddai'n dod i un rhan o Gilcain; Oliver Jones, Llety, Llangynhafal yn dod drosodd efo dyrnwr a thractor erbyn hynny; a Tecwyn Morris yr Henfaes, Nannerch; a dau frawd Pontens o Ysgeifiog, fuon nhw'n dod yn eu tro.

Mae gen i gof plentyn o draction stêm yn dyrnu yn Tŷ Mawr. Yr un math o beth oedd o â'r *portable boiler* oedd gan Nhad, ac roedd eisiau ceffylau i'w symud o. Roedd hynny'n job ofnadwy dweud y gwir, dod â cheffylau dieithr at ei gilydd, gwedd o un fferm a gwedd o fferm arall – doedden nhw ddim wedi arfer gweithio efo'i gilydd. Roedd yna weryru a chicio a thynnu a dragio! Roedd hi'n job ddigon peryg'! Fydde'r hen Jones Bryn Saeson,

medden nhw, wrth fynd o fferm i fferm, yn cerdded y tu
nôl efo trosol ar ei ysgwydd – peth handi iawn os oedd
yna giât dipyn yn gul neu rywbeth felly. Mi fedrai binsio
yma ac acw, rhoi'r drosol dan yr olwyn a'i thowlu drosodd
dipyn i symud y dyrnwr.

Ar ôl cyrraedd fferm, y peth mawr oedd gosod y
dyrnwr. Roedd yn rhaid iddi fod yn lefel, ac roedd yna
spirit level bach ar ochr y dyrnwr ac ar draws y talcen
– pinsio efo'r bar yma neu jacio i osod. Rhaid oedd iddi
fod yn wastad achos roedd hi'n gogru ŷd – gogor tu mewn
yn ysgwyd. Wel, os oedd y dyrnwr ar ei ochr dipyn, roedd
yr ŷd i gyd yn rhedeg i un ochr a doedd o ddim yn gogru'n
deg felly. Dwi'n ein cofio ni fel rhyw le bach yn tyfu
dipyn o ŷd, rhyw hanner cowlas hwyrach (cowlas ydi *bay*
yn Saesneg) yn y sied. Roeddech chi'n talu'n ddrud fel
lle bach. Rhyw hanner diwrnod o ddyrnu oedd gennym
ni, ond roedd eisiau mynd i dalu'n ôl i hwn a'r llall oedd
wedi dod i helpu. Roedd angen helpars jyst yr un fath ar
gyfer hanner diwrnod, ac o ganlyniad fydden ni'n gwneud
tri neu bedwar diwrnod o ddyrnu er mwyn cael hanner
diwrnod o ddyrnu adre. Dyna fel oedd hi. A'r tueddiad
oedd mai'r helpars oedd yn cael y gwaith caletaf!

Y job roedden nhw'n ei roi i hogiau oedd hel y manus
o dan y dyrnwr. Rhaid oedd hel y manus ar gwrlid, sef
sach wedi'i hagor yn fawr, yna'i gario i ryw gwt, a doedd
neb yn licio'r job yna, yn enwedig os oedden nhw'n dyrnu
haidd. Roedd yna col ar yr haidd, a hwnnw'n mynd i gorn
gwddw rhywun weithiau. Roedd o'n hen felltith o job yn
y llwch. Yna cario'r sachau ŷd oddi wrth y dyrnwr i ryw
granar yn rhywle, i fyny rhyw stepiau, a rheini'n aml iawn
yn llefydd digon peryg'.

Tyfu tatws

Roedd tyfu tatws hefyd yn arferiad hollbwysig ac yn rhoi cynhaliaeth i deuluoedd y pentref.

Byddai John Huws y gof yn cadw ceffyl yn yr efail, wastad, ac mi fyddai'n dod i'r siop saer i nôl llwch lli' i'w roi o dan y ceffyl yn y stabal. Roedd ganddo fo domen go fawr o dail, ond tail sâl ar y naw oedd o dweud y gwir, yn fwy o lwch lli' nag o dail. Mae gwellt yn pydru yn dydi. Wel, roedd John Huws yn cael tyfu tatws yn Tŷ Ucha'r Llan, rhyw ddwy res neu dair, ac yn cario tail ei hun yno. Sôn am datws ardderchog! Campus. Ond y flwyddyn ganlynol, roedden nhw wedi hau'r cae efo ŷd. Roedden nhw'n dweud bod yna stribedyn i'w weld ar draws y cae, lled y tair rhes tatws yma, yn is na gweddill yr ŷd. Roedd hynny o wrtaith oedd yn y tail ddaeth o'r efail wedi mynd i gyd i'r tatws. Doedd yna ddim byd ar ôl, ac roedd hynny i'w weld yn yr ŷd y flwyddyn wedyn medden nhw.

Roedd yna ffrae rhyw dro rhwng dau oedd yn tyfu tatws mewn cae fel yna. Yr arferiad oedd codi hog datws yn y cae, sef tasu tatws yn lle eu cario nhw adref – gwneud pant a rhoi gwellt neu redyn ynddo fo, wedyn y tatws, a'u gorchuddio efo gwellt, a chodi pridd drostyn nhw. Roedden nhw'n cadw'n saff rhag y rhew, a mynd yno wedyn ar ddiwrnod braf i 'agor yr hog' fel y byddem ni'n dweud, a'i chau'n ôl. Rhag bod yna gymysgedd rhwng y ddau gymydog yma rŵan, roedden nhw wedi rhoi un hog i ganlyn y rhesi a'r hog arall ar draws y rhesi. Ond mi fu rhyw gamddealltwriaeth, ac fe agorodd un cymydog yr hog anghywir ac mi aeth yn ddadl rhyngddynt. "Wel, was hogo you ar hyd and was hogo me ar draws", medde fo!

Cadw mochyn

Roedd cadw mochyn hefyd yn rhan bwysig o gynnal y rhan fwyaf o deuluoedd. Fel 'y gŵr bonheddig sy'n talu'r rhent' y bydden nhw'n cyfeirio ato fo. Roedd o'n cael parch o'r mwyaf. Roedd hyd yn oed y tai yn y pentref efo cwt mochyn yng ngwaelod yr ardd. Yn niwedd y flwyddyn, roedd hi'n amser lladd mochyn, a sŵn mochyn yn gweiddi yma ac acw yn beth cyffredin iawn i'w glywed. Roedd Arthur Morris yn lladd yn Tŷ Mawr. O'i flaen o, John Dafis y Siop oedd yn bwtsiera. Y tu nôl i Noddfa roedd y lladd-dy ganddyn nhw, yn Pwdl Ali. Dwi'n cofio Mam yn halltu mochyn, un dda iawn am wneud oedd hi hefyd. Y lledben i ddechrau, hynny yw, y darn o dan ên y mochyn, rownd y gwddw, darn o facwn tenau oedd ddim ond yn halltu am ddeg diwrnod neu rywbeth, roedd o'n ddigon. Roeddech chi'n defnyddio hwnnw gyntaf. Yna'r ochrau am hyn a hyn o amser, penysgwydd.

Roedd y twrnel yn gafn pren, siâp fel tun pilchards, tua phum troedfedd neu well o hyd a dwy droedfedd a hanner o led, a handl y ddau ben iddo fo, rhyw ddeunaw modfedd o ddyfn. Ei droi o wyneb i lawr i gychwyn, a rowlio'r mochyn ar ei gefn arno fel bwrdd, ac yno y bydden nhw'n sticio'r mochyn i'w ladd o, ar y twrnel. Unwaith roedd o wedi gwaedu, troi'r cafn drosodd a'i sgaldio fo yn y twrnel. Roedd yn rhaid i'r bwyler fod yn berwi'n barod. Wedyn, fiw iddyn nhw roi dŵr berwedig arno'n syth, ond rhoi tatsied (*splash*) o ddŵr oer am ei ben o jyst i dynnu'r berw oddi arno neu mi fase'n llosgi'r mochyn. Y syniad oedd meddalu'r blew, a wedyn crafu'r blew oddi arno'n lân. Wedyn ei godi o wrth ei draed ôl, a rhoi cambren drwy'r gewynnau, pren efo *notches* ynddo fo'r ddau ben, a'i weindio fo i fyny efo pwli nes oedd o'n hongian a'i ben i lawr, fel arfer mewn rhyw friws neu rywle.

Y cam nesaf fyddai agor y mochyn a thynnu ei berfedd o a'i lanhau o wedyn, a gadael iddo hongian am hyn a hyn i galedu cyn doi'r bwtsiar yn ôl i'w dorri o fyny. Pwdin gwaed allan o'r gwaed, berwi'r pen i wneud *brawn*, a rhannu'r iau; penysgwydd yn dewach, a hamiau'n cymryd hiraf i'w halltu.

Ar lechen roedden ni'n halltu – bwrdd llechen yn y *dairy* – a rhwbio halen iddo fo, a rhwbio *saltpeter* i'r asgwrn hefyd i wneud yn siŵr bod y pry ddim yn mynd ar ei gyfyl o. Roedd yr halen yn dadmer, ac yn diferu'n ddŵr. Roedd yna rigol yn y bwrdd, a phot llaeth o dano fo, ac roedd o'n rhedeg fel gwter bach i'r pot. Wedi gorffen, ei sychu o a rhoi bag mwslin ar yr ham, a'i hongian wrth do'r tŷ. Roedd o'n galed fel haearn. Torri talp oddi arno fel oeddech chi eisiau, a'i roi i fwydo dros nos cyn ei ferwi o. Roedd lobsgows bacwn yn dda! Roedd yn rhaid i ni ddefnyddio beth oedd ganddon ni yn doedd – tatws, maip, ac wyau a llefrith hefyd. Byddai Mam yn sôn am deulu Nain yn halltu eidion.

Cigyddion

Roedd y bwtsieriaid yn ddynion lleol, tyddynwyr neu ffermwyr oedd wedi dysgu'r grefft. Dwi'n cofio Arthur Morris, Tŷ Mawr yn mynd rownd i ladd mochyn. Fo'i hun ddywedodd yr hanes amdano'n mynd i Blas Newydd. Byddai Thomas Rushforth yn pesgi clamp o foch, ac roedd o'n un garw am drio am wobr ym marchnad y dref yn y ffair Nadolig ac ati. Mi fyddai ganddo ddau fochyn wedi'u pesgi yn y sêl – un i'w werthu, a'r llall i ddod adref i'w ladd o. Dyna fynd ati felly, ac Arthur Morris yn rhoi'r mochyn ar y twrnel yn barod i'w sgaldio, a thân mawr o dan y bwyler i gael digon o ddŵr poeth, ond doedd dim byd yn digwydd, dim blewyn yn codi oddi arno, a methu'n glir â deall y peth.

Yr hyn oedd wedi digwydd oedd bod yr hen Tom Rushforth wedi rhwbio lard ar y mochyn yma i edrych yn dda yn y sêl, ac roedd dŵr yn rhedeg i ffwrdd oddi arno fel oddi ar gefn hwyaden! Doedd dim amdani ond ei hongian i fyny, a hogi'r gyllell a'i siafio!

Dysgodd Arthur Morris ei grefft gan ei dad, Robert Morris Tŷ Newydd, ac yn yr un cyfnod, roedd Richard Davies Rhyd-y-fenni yn fwtshiar, ac yntau wedi dysgu efo John Dafis y Siop.

Y felin

Roedd y felin ar y ffordd rhwng Cilcain a Loggerheads. Wrth fynd i lawr allt y Pentre, mae 'na lôn fach ar y chwith, lôn y felin, sy'n dod allan o dan Ryd-y-fenni. Dydi hi ddim yn ffordd heddiw, dim ond llwybr, ond wrth gwrs doedd pawb ddim bob amser yn cymryd trol i'r felin, dim ond pwn, ac un o bopty mul efallai, wrth gymryd grawn i'r felin i'w malu. Dwi'n cofio'r dyn olaf fu'n malu yn y felin, sef Willie Davies. Mi briododd chwaer Llywelyn y gof. Mab melin Rhydymwyn oedd o, ac mi fyddai'n dod i weithio ym melin Cilcain rhyw ddwywaith yr wythnos. Wedi iddyn nhw gau melin Cilcain, aeth i weithio efo ceffylau ar y dociau yn Birkenhead, ond ar ôl ymddeol daeth yn ei ôl i Gilcain.

Gwerthwyd y felin pan wnaed y gwaith dŵr yng Nghilcain, rhywbryd tua throad y ganrif. Fe wnaethon nhw'r llyniau dŵr ar yr ochr uchaf i'r llan, sef i fyny yng ngodre Moel Famau, gan gyfyngu dŵr yr afon – Y Fenni – sy'n mynd i lawr trwy Nant Gain ac yn mynd i afon Alun lawr yn Bont Newydd, hanner ffordd rhwng Cilcain a Phantymwyn yng ngwaelod Trial Hill, chwedl y Sais. Fe brynodd y gwaith dŵr y felin yr adeg honno a'i chau i lawr am eu bod nhw'n dwyn y dŵr, waeth i chi ddweud. Roedd pob melin efo llyn ac roedd rhaid cronni dŵr yn y llyn er mwyn cael dŵr i droi'r olwyn. Pan oedd y llyn yn rhedeg yn wag, 'nid yw'r felin heno'n malu' oedd hi ynde! Am eu bod yn cyfyngu llif yr afon, doedd yna ddim digon i lenwi'r llyn yn gyson ac fe ddaeth oes y felin i ben.

Dwi'n cofio Willie Davies yn dweud yr hanes amdano'n dod o Rydymwyn ar gefn ei geffyl, ac roedd yna stabal wrth ochr y felin, a drws y stabal yn agored. Wrth fynd i mewn, beth welai'n gorwedd ar y llawr ond llwynog wedi marw. Roedd Willie'n ddyn ffeind iawn, a dyma fo'n estyn fforch dail a dweud, "Wel yr hen Siôn, yma ddoist ti i farw", a'i godi'n barchus a'i roi ar y domen. Aeth â'r ceffyl i mewn i'r stabal a thynnu'r cyfrwy, a mynd allan, ac roedd Siôn wedi mynd! Mae hynny'n berffaith wir. Mae'n rhaid ei fod wedi cael ei garcharu a ddim yn gweld ffordd allan, ac maen nhw'n dweud bod llwynog yn gyfrwys, felly fe orweddodd i lawr yn stiff a chymryd arno ei fod wedi marw.

Does gen i ddim cof am sôn am felinydd yn byw yn Nhŷ'r Felin, ond clywais am grydd yn byw yno un tro. Roedd gan Willie Davies lais da, ac mi fyddai'n dod i'r siop saer at Nhad weithiau i ganu efo fo. Mi fyddai'n tynnu copi sol-ffa o ryw gân allan o'i boced ac yn dweud, "beth am hon Johnnie? Trawa hi!" ac mi fyddai Nhad yn taro *tuning fork* a'r ddau yn morio canu yn y gweithdy.

Pobi bara

Doedd yna ddim becws yn gwerthu bara yn y llan ers talwm, ond yr hen drefn oedd popty bara cymunedol lle'r oedd pawb yn dod â'u toes eu hunain i'w grasu. Dwi'n cofio Nhad yn dweud yr hanes. Wrth gychwyn i lawr ffordd Pantymwyn, roedd yna dai bach ar y dde yn y fan honno o'r enw Pwdl Ali. Peidiwch â gofyn i mi beth yw ystyr yr enw! Roedd yno rhyw bump o dai bychain, un i fyny ac un i lawr, a dyna lle'r oedd popty bara'r pentre. Roedd yna hen wreigan a'i merch yn gofalu am y popty, ei danio efo coed i dwymo'r popty. Diana oedd enw'r ferch, ac mi fyddai'r fam yn ei gyrru rownd y llan i ddweud pan fyddai'r popty'n barod. Ac mi fyddai'n gwthio ei llewys i fyny ac yn dweud wrth y plant, "Dos i ddweud wrth dy fam am foldio". Hynny yw, roedd hi'n amser codi'r toes a'i wneud o'n glapiau ar gyfer y dorth yn barod i'w grasu, ac mae'n debyg eu bod nhw'n talu ceiniog neu rywbeth am grasu.

Mae'n ddiddorol, tra dwi'n sôn am Pwdl Ali, bod yna gae bach yn is i lawr y ffordd o'r enw Erw Bara Gwyn. Roedd y bobl dlawd ers talwm yn bwyta bara haidd, bara du, ond fe gafodd gwenith ei dyfu yn y cae arbennig yma i'w falu i gael blawd gwyn i'w rannu rhwng tlodion y plwyf ar ryw adeg arbennig. Roedd y cae yna'n perthyn i'r plwyf yn ôl y sôn. Mae yna dai arno fo rŵan.

Rwy'n cofio fy nhad yn dweud hefyd am hen fachgen oedd yn byw yng Nghilcain yn Pwdl Ali. Theophilus Williams oedd ei enw. Roedd o'n gweithio lawr y mein, ac yn cerdded o Gilcain i'r gwaith yn rhywle, Olwyn Goch yn Rhydymwyn mae'n go debyg, yn y bore yn y tywyllwch. Roedd o'n gweithio drwy'r dydd o dan ddaear yn y tywyllwch, ac erbyn iddo ddod i'r top roedd hi wedi nosi, ac roedd o'n cerdded adref yn y tywyllwch hefyd. Yr unig amser roedd o'n gweld golau dydd yn y gaeaf oedd ar bnawn Sadwrn ac ar ddydd Sul. Roedd o'r un fath â thwrch daear yn doedd! Roedden nhw'n dweud y byddai'n eistedd ar wal fach y tu allan yn cael smôc, ac yn mwynhau ei hun wrth weld yr haul. (Roedd Theophilus yn dad i Seimon Williams. Seimon oedd tad Arthur Williams fu'n gweithio yn yr efail efo'i gefnder, Llywelyn Jones y gof. Roedd gan Arthur fab o'r enw Harold, ffrind ysgol i mi).

Dŵr

Roedd teuluoedd y llan yn cario dŵr yfed o ffynnon gerllaw Tyddyn Mihangel.

Roedd y saer a'r gof yn cydweithio'n aml, ac un diwrnod pan oedden nhw'n siarad efo'i gilydd ar y llan, beth welson nhw ond dau biser dŵr ar stepen y drws y tu allan i un o'r bythynnod gyferbyn â'r hen ysgol. Mae'n rhaid bod un wraig wedi stopio i sgwrsio efo un arall ar ei ffordd yn ôl o'r ffynnon. Beth wnaeth John Huws y gof ond troi'r piser drosodd. "Dyna ddysgu gwers iddi am fynd i hel straes," medde fo. Mi fydde'n rhaid iddi fynd yn ôl at y ffynnon wedyn i ail-lenwi'r piser, druan ohoni. Roedd John Huws y gof yn ddyn styrn iawn.

Mi fyddai Llywelyn yr efail pan oedd o'n ifanc yn cario dŵr mewn casgen efo mul ar ddydd Llun o Lyn y Mynydd i'r llan ar gyfer diwrnod golchi.

Roedd ffynhonnell o ddŵr hefyd wedi'i bibellu o'r Fron i ganol y pentref, er nad dŵr yfed mo hwn. Roedden nhw wedi agor ffos ar hyd y Fron, y tu ôl i'r *Nook*, hyd at Plas yn Llan, rhywbeth yn debyg i gamlas fach. Cae Rhenc oedd enw'r cae yma. Roedd y dŵr yn rhedeg ar hyd hwnnw i fuarth y fferm, ac yna wedi'i beipio heibio'r ysgol ac mi fyddai'n dod allan wrth giât y capel fel ag yr oedd yn yr hen ddyddiau, cyn codi'r ysgoldy yn 1905. Roedd yna beipen, pistyll y llan, yno lle'r oedd dŵr yn llifo i bobl gael dŵr i olchi lloriau ac ati. Roedd y dŵr yn rhedeg i'r ffordd yn y fan honno, ac yna wedi'i beipio wedyn, lawr y cae y tu ôl i Lys Eifion, fy hen gartref i, oedd yn arfer â bod yn dafarn y Red Lion nes i Nain ei brynu o yn y dauddegau a'i droi'n dŷ preifat. Roedd y dŵr yn rhedeg wedi'i beipio i gongl y cae rhwng cae Plas yn Llan a'n Cae Dan Tŷ ni. Roedd yna *swallow* yn fanno, hynny yw crec yn y ddaear, ac mi fyddai'r dŵr yma'n diflannu i gyd. Dryll Gwta ydi'r enw ar gae Plas yn Llan gyda llaw, sy'n dai i gyd drosto rŵan.

Fe brynodd yr Hawarden and District Waterworks Company dir yn y Garth i wneud llynnoedd. Roedd y Garth yn perthyn i stad Colomendy yr adeg honno dwi'n meddwl. Beth bynnag, daethpwyd â chyflenwad dŵr i'r llan, a gosod tap i gychwyn. Roedd y White Horse yn perthyn i rywun o ochr Wrecsam ar y pryd medden nhw. Dyma nhw'n gosod y tap yma rŵan yn erbyn talcen y White Horse, a dyma'r hen fachgen oedd piau'r lle yn dod heibio a gweld, a doedden nhw ddim wedi cael caniatâd ganddo fo i osod y tap yma. Felly dyma gyfarfod rhywun o'r gwaith dŵr, ac roedd yna hen ddadlau, a dyma ddywedodd yr hen fachgen oedd yn fawr o Sais: "You go and erect a tap on my promise!" *On my premises* roedd o'n feddwl. Mi symudwyd y tap wedyn i fyny at y gamfa wrth yr ysgol yn nhop y llan.

Tai bach

Roedd y tai bach, neu'r toiledau, yn cael eu gwagio yng Nghilcain gan y *night soil man*, sef Jac y Tyddyn. Byddai'n mynd o gwmpas yn y nos i wagu, ac yn gwagu llwyth ei danc i chwarel Tŷ Mawr sydd ym mhen draw'r cae ar y chwith ar ben allt y Pentre. Plas Du ydi enw'r cae. Roedd o hefyd yn cario lludw, ac yn taflu'r lludw dros y carthion i'w claddu. Fe aeth y chwarel ar dân rhyw dro, a bu'n llosgi am hir am fod yna glincars yn y lludw. Mi fyddai'n gwneud Nannerch ar fore Sadwrn. Doedd Nannerch ddim yn bentref mawr, felly yn lle cymryd y tanc, byddai'n cymryd rhyw hen ddrym oel efo ceffyl a siandri, efo hen sach dew dros y top. Roedd Jac yn hoff iawn o'i ddiod, a byddai'n galw yn y Cross Foxes yn Nannerch. Ambell waith mi fyddai'r ddiod wedi cael gafael go arw ar Jac cyn dod adre. Lawer gwaith fe welais yr hen geffyl yn dod i fyny'r ffordd, a dim golwg o Jac. Yr hen geffyl yn dod, ling-di-long, yn gwybod ei ffordd adref, ac yn stopio y tu allan i'r siop. Mi fyddai Jac yn dod yno i nôl ei dorth a beth bynnag roedd o'i angen bob dydd.

Yr adeg honno, roedd Jac yn byw mewn carafán yn Fron Deg. Dwi'n cofio un tro arbennig, a Jac wedi'i dal hi, a'r hen geffyl o arferiad yn stopio y tu allan i'r siop. Ddyliwn i bod Jac wedi sylwi nad oedd y byd yn mynd heibio iddo fo neu rywbeth, a'i fod wedi stopio; mi geisiodd godi ar ei draed ac mi syrthiodd allan o'r drol yn glewt, ond roedd o'n rhy llipa i frifo. John Huws oedd yn y siop yr adeg honno, a'i wraig Magi, a dyma hel Jac 'nôl i'r drol a ninnau, ryw hen hogiau, yn dilyn i weld beth oedd yn digwydd, a rhoi'r ceffyl drwy'r giât i'r cae a gadael iddo fo – ddim tynnu'r ceffyl o'r drol na dim. Roedd Jac yn y cefn, a'r hen geffyl yn mynd rownd y cae i bori nes fyddai Jac wedi sobri digon i ddod ohoni ei hun mae'n siŵr. Dwi'n cofio'n iawn fel y byddai Jac yn nôl ei dorth o'r siop ac yn ei rhoi ar ben y sach uwchben y drym yna. Mi fu byw i oed mawr, dros ei bedwar ugain!

Teiliwr a chrydd

Roedd yna dri teiliwr yn yr ardal ar un adeg. Roedd yr un yn Fron Deg a'r un ym Mhreswylfa yn y llan yn dad a mab. Roedd yna deiliwr o'r enw Goodman Jones yn byw yn Walwen oedd yn enwog am wneud clos pen-glin. Roedd yna fynd garw arnyn nhw yn oes yr esgidiau mawr a'r legins. Byddai rhai'n dod drosodd o Ddyffryn Clwyd i gael eu mesur am drowsus gan Goodman Jones. Byddai'n eistedd ar y bwrdd efo'i goesau wedi'u plygu *cross-legged* yn pwytho.

Roedd yna gryddion yn y plwyf hefyd, Edward Edwards dwi'n meddwl yn Tŷ'r Felin ers talwm, yna daeth George

Thompson yn fugail i'r Garth, oedd yn perthyn i ystâd Colomendy. Dydw i ddim yn ei gofio fo yno. Sgotyn oedd o. Mi symudodd wedyn i Lys Fynydd. Roedd ganddo frawd oedd yn grydd. Roedd yna anabledd o ryw fath arno, efallai ei fod yn gloff neu rywbeth, ac o'r herwydd roedd o wedi dysgu crefft, ac yn gwneud gwaith crydd i fyny yn y Garth o bob man.

Roedd yna stori go dda amdano fo. Roedd o'n grydd fyddai'n gwneud esgidiau newydd, ddim jyst eu trwsio nhw, ac roedd rhywun wedi ordro pâr o esgidiau ganddo fo. Bu'n rhaid aros yn go hir, am yn agos i flwyddyn, am yr esgidiau yma, ond o'r diwedd dyma air yn dod i ddweud eu bod yn barod a mynd i'w nôl nhw. A dyma'r dyn yn meddwl: "Tra dwi yma, waeth i mi ordro pâr arall. Ymhen blwyddyn mi fydda i eisiau pâr arall eto." A beth wnaeth yr hen Thomson ond gwneud yr ail bâr yn reit sydyn. Ymhen ychydig wythnosau dyma air yn dod unwaith eto i ddweud eu bod yn barod. Doedd y dyn ddim wedi disgwyl talu am bâr arall o fewn mis!

Pan oeddwn i'n altro'r Garth rhyw dro, mi ddes ar draws hen efel bedoli ar y wal y tu mewn i'r tŷ. Mae'n siŵr gen i mai un yn perthyn i'r hen grydd oedd o.

Tyrchwr

Roedd yna dyrchwr yn byw yn Fron Deg. Edward Adams oedd ei enw, a dal tyrchod oedd ei waith o. Roedd o hefyd yn gofalu am y gamlas fach oedd yn rhedeg ar draws Cae Rhenc yn cario dŵr o'r Fron ar hyd cae Plas yn Llan (gweler uchod), gan sicrhau bod y gamlas yn lân a'r dŵr yn llifo'n iawn. Byddai'n dal tyrchod gan gerdded i lawr tu draw i'r Wyddgrug i Llong a Padeswood a ffordd yna glywais i. Roedd ganddo raw fach i osod trapiau twrch, ac mae'r rhaw fach gen i heddiw. Doedd pobl ddim yn gweithio i gynilo arian, dim ond gweithio i fyw. Roedd yr hen Edward Adams yn reit ddyfeisgar. Fydde fo'n corddi efo buddai gnoc, cyn y fuddai *end over end*. Roedd buddai gnoc yn debyg i gasgen bren, a chaead ar ei phen hi, a pholyn drwy'r caead, a phadl ar flaen y polyn. I mewn â'r llaeth, a rhaid oedd ei stwnsio i fyny ac i lawr i gnocio'r llaeth. Roedd yr hen Edward Adams wedi cael sbring o rhywle, ac wedi ei bachu wrth do'r sied. Wedyn doedd dim ond rhaid tynnu'r cnoc i lawr, ac roedd yn sbring yn codi'r polyn i fyny!

Porthmyn

Roedd yna ddau borthmon yn y plwyf sef Owen Wynne, Bryn Awelon, a John Owen Jones, Pen Llan, dau frawd yng nghyfraith, oedd yn brysur iawn yn eu dydd gan deithio cyn belled â Sir Gaernarfon a Sir Fôn i brynu anifeiliaid, a dod â nhw ar y trên i orsaf Nannerch a'u gyrru nhw adref oddi yno. Byddai Nhad yn cymryd Owen Wynne yn y car weithiau i brynu gwartheg. Roedd o'n ddyn trwsiadus, yn gwisgo menig.

Roedd dau frawd, Walter a John Richard Huws, Celyn Mali yn gweithio i Owen Wynne ac yn cerdded stoc adref i Gilcain iddo dros filltiroedd lawer. Roedd gan Walter Huws dafod dew. Cofiaf sôn amdano'n gofyn rhyw dro, "Pa un fase ofe gennych chi, gwfaig flin lân neu gwfaig glên fuduf?"

John Richard, yr hwsmon, ddywedodd yr hanes am fynd i stesion Wyddgrug i nôl defaid un tro. Roedden nhw'n cael eu cadw mewn iard yn y fan honno, yna byddai'n eu gyrru nhw i fyny stryd Caer am y groes, ac yna i fyny'r stryd fawr ac am Bantymwyn ac adref. Ond fe welodd y defaid eu llun yn cael ei adlewyrchu mewn ffenest siop yn stryd Caer, ac am fod y drws yn agored, i mewn â nhw. Am strach! Gadawodd John Richard y cŵn i warchod y rhai oedd dal yn y stryt, ac i mewn â fo i'r siop ar eu hôl nhw. Roedd dau neu dri o ŵyn wedi neidio i ffenest y siop wrth drio dengyd yn ôl at y lleill, ac roedd yna andros o le yno!

Byddai John Richard yn cerdded stoc drosodd o Ddyffryn Clwyd efo dau gi, un ar y blaen ac un y tu ôl. Roedd yn hwsmon o fri. Cyn prynu ci i'w hyfforddi i fynd ar y blaen, byddai'n rhaid iddo gael gweld yr ast er mwyn dewis y ci bach fyddai'n sugno'r deth agosaf at y goes flaen. Hefyd roedd o'n hoffi gweld y cŵn bach allan ar y buarth. Pa bynnag gi bach y byddai'r ast yn ei ddewis gyntaf i'w gario i mewn fyddai'r un y byddai o'n ei ffafrio. Byddai'r anifeiliaid yn cael eu cadw ar gaeau Celyn Mali nes i'r prynwyr ddod.

Bu John Richard yn gweithio i mi pan oedd o'n llawer hŷn, cymeriad addfwyn dros ben. Fe gafodd ei anfon i Ffrainc yn ystod y Rhyfel Byd Cyntaf, er na fuo fo ar y *front line*. Un diwrnod, fe welodd lanc arall yn cerdded heibio a meddwl iddo fo'i hun, "Mae'r hogyn yna'r un osgo'n union â Dei Crown," sef cymydog iddo yng Nghilcain. Yn wir i chi, Dei Crown oedd o. Roedd y ddau wedi cael eu hanfon i Ffrainc ar wahân, ac o'r holl filwyr ifanc oedd yno, roedden nhw wedi digwydd taro ar ei gilydd.

Chwarel yr Hendre

Dyna le diddorol oedd Chwarel y Glan yn yr Hendre. Roedd yno odyn galch enfawr. Mae o i gyd wedi'i gladdu erbyn hyn. Mi fues i'n cario beth wmbredd o fanno, cario lympiau o galch wedi'i losgi yn yr odyn. Wedyn mi fu gennym ni bwll adref yn Llys Eifion, rhyw bum neu chwe llath o hyd efallai, a thair llath o led, a llathen a hanner o ddyfnder efo slabiau llechi o amgylch ei ochr. Mi fydden ni'n rhedeg calch i hwn. Roedd yna focs un pen, un mawr sgwâr, a rhoi'r calch yn hwnnw efo dŵr am ei ben o, a padl wedyn i'w gorddi nes oedd o fel llefrith. Wedyn fydden ni'n agor sheter fach ar ben y bocs a'i redeg o i'r llyn. Felly fyddai'r gwaith drwy'r dydd, a stêm mawr yn codi o'r calch, felly roedd rhywun yn lapio rhywbeth am ei ben, ac roedd ei aeliau a phopeth yn wyn fel dyn eira erbyn nos! Wedi iddo sefydlu yn y llyn, roedd y dŵr yn rhedeg i ffwrdd o'r wyneb, ac roedd o yno, yr un fath â menyn. Doedd yna ddim carreg na dim ynddo fo, ac roedd o'n fendigedig o stwff ar gyfer plastro. Doedd yna ddim curo arno fo.

Roedden ni'n lwcus iawn ein bod ni mor agos at odyn galch. Roedd yna amryw o odynau calch ym mhlwyf Cilcain, ond dwi'n cofio'r un ohonyn nhw'n gweithio wrth gwrs. Ond roedd yna hen odynau calch am ein bod ar y galchfaen, ac roedden nhw'n llosgi calch ar gyfer y tir wrth gwrs. Yr agosaf atom ni oedd Bron y Graig. Roedd yna un go fawr yn Trelan hefyd, un ym Maes y Groes, ac yn y Garth hefyd – sy'n lle rhyfedd oherwydd does yna ddim calchfaen yn y fan honno, mwy o siâl a gwenithfaen ar yr ochr yna – ond mae'n rhaid eu bod yn mynd i'r chwarel i nôl cerrig a'u llosgi ar ôl mynd adref.

Yr odyn yn Hendre dwi'n ei gofio'n gweithio. Roedd y chwarel i'r ochr o'r odyn, ac o ben yr odyn i'r chwarel roedd y tir yn wastad. Roedd ganddyn nhw dryciau yn rhedeg ar lein, yr un fath â thrên bach, i ddod â'r cerrig i ben yr odyn, a mul bach yn eu tynnu nhw. Roedd hi'n odyn efo chwe phig iddi dwi'n meddwl. Pig oedd lle roedden nhw'n tynnu'r calch allan o'r odyn. Roedd yr odyn ei hun yn sgwâr, ond roedd y tyllau y tu mewn yn grwn fel twmffat, ac yn y fan honno roedden nhw'n llosgi'r calch. Roedd yna dwll bach yn y gwaelod, ac mi fyddai dyn efo bachyn haearn a rhaw yn bachu'r cerrig wedi llosgi allan o'r odyn. Ar ochr isa'r odyn, roedd yna seiding rêlwe ac roedd tryciau'r rheilffordd yn dod i mewn reit efo ochr yr odyn. Roedden nhw'n llwytho tryciau efo calch i fynd oddi yno. Roedd o'n fusnes mawr. Mi fydden ninnau'n mynd yno efo lorri i nôl calch fel roedden ni ei angen.

Roedd pob chwarel yn cadw gof i wneud gwaith cynnal a chadw, a bob hyn a hyn roedd yn rhaid pedoli'r mul. Ow! Coblyn o job oedd pedoli'r mul yma. Roedd o'n cicio'n ofnadwy ddyliwn i! Wel, roedd gof newydd yn y chwarel, a dyma hi'n dod yn ddiwrnod pedoli'r mul, a'r giaffar yn gofyn iddo, "Fedri di bedoli mul?" "Gallaf," medde fo. Felly popeth yn iawn, a dyma fynd â'r mul at yr efail a rhyw dri dyn i'w ganlyn. "Be'dach chi isio?" gofynnodd y gof. "Wel, dod i ddal y mul," medden nhw, "mae o'n cicio'n ofnadwy!" "O, mae'n iawn," atebodd y gof, "Pidiwch â poeni dim!" a dyma nhw'n chwerthin a meddwl: "Ma ginno ni un clyfar yn fama!" A dyma fynd â'r mul i mewn i'r efail a chau'r drws, a hwythau yn ôl at eu gwaith. Ymhen ychydig, daeth y mul allan wedi'i bedoli. Popeth yn iawn! Rargol! Mae hwn yn foi garw! A dyna fo. Mewn amser, daeth yn amser pedoli'r mul eto – mynd â fo i'r efail unwaith eto. Wnae'r mul ddim mynd trwy ddrws yr efail am bris yn y byd, waeth beth wnaen nhw. A gorfod i'r gof gyfaddef beth roedd o wedi'i wneud. Roedd o wedi rhoi blaen ei drwyn o yn y feis, a phinsio'i drwyn o nes bod meddwl yr hen ful ar hynny tra'r oedd o'n ei bedoli o. Ond roedd yr hen ful yn cofio'n iawn, a wnae o ddim mynd i'r efail wedyn, na wnae dros ei grogi! Dwi'n cofio gweld y mul bach yn pori ar derfyn dydd yn yr Hendre.

Cymeriadau

Dwi'n cofio sôn am ddyn o'r enw Ned Didl Do. Roedd o'n byw mewn bwthyn o'r enw Bryn Alun ar ffordd Loggerheads oedd â tho gwellt a llawr pridd. Cafodd y llysenw am ei fod yn chwarae mewn band.

Llysenw ar ddyn arall oedd Ned y Pry. Dydw i'n gwybod dim amdano fo, ond mae'n siŵr bod yna dipyn o'i gwmpas o, pwy bynnag oedd o.

Soniwyd eisoes am John Dafis y Saer. Roedd o'n dipyn o hen bry hefyd.

Mi fydden nhw'n cynnau tân yn y goedwig i gael paned o de, ei wneud o mewn can amser cinio. Pan ddoi i'r pnawn a'r hen John Dafis eisiau llymed ond ddim te ganddyn nhw i wneud paned ffresh, mi fyddai'n dal y can te yma efo ffon dros y tân i'w ail-dwymo ac yn ei yfed yr un fath.

Tipyn o grwydryn oedd o a dweud y gwir. Roedd o'n byw efo'i fam a'i chwaer yn Brithdir Bach am gyfnod ond roedd yr hen John Dafis yn hoff o grwydro'r nos ac yn mynd i hel tai yn arw. Doedd o ddim am iddyn nhw wybod gormod am ei hanes, felly beth wnaeth o ond addasu rhyw hen gwt ym muarth y saer a gwneud lle i fyw yn y fan honno. Mi fyddai Nhad yn dweud amdano'n crwydro i rywle berfedd nos ac wedyn ddim yn codi'n rhyw fore iawn, a'r adeg honno roedden nhw'n dechrau gweithio am hanner awr wedi saith. Byddai Nhad yn dechrau arni yn y gweithdy, a thua hanner awr wedi wyth i naw, byddai arogl bacwn mawr yn dod o'r cwt. Roedd yr hen saer wedi codi ac wedi cynnau rhyw hen stôf baraffin oedd ganddo, a phadell ffrio fawr arni yn llawn o doddion oedd wedi bod yno ers wythnosau. Mae'n rhaid bod ganddo gyfansoddiad fel ceffyl! Weithiau byddai'n wlyb at ei groen ar ôl bod yn nôl coed, ac yn byw yn y fan honno, ond roedd o'n ddeg a phedwar ugain oed mae'n siŵr yn marw, oedd yn ddigon o ryfeddod, felly mae'n siŵr ei fod yn hen ddyn digon caled.

Ymhen amser, symudodd i fyw i'r Waun (Gwernaffield),

a fy nhad gariodd y busnes ymlaen. Fi gladdodd yr hen saer.

Trampiau

Roedd yna amryw o hen drampiau i'w gweld o amgylch yr ardal ers talwm. Mi fydden nhw'n dod yn eu tro ac yn gwneud diwrnod o waith yma ac acw. Dwi'n cofio Nhad yn sôn am hanes un ohonyn nhw. Roedd o yn y siop saer, a John Dafis wedi mynd i rywle, pan ddaeth y tramp yma i mewn. Rhyw hen gnaf blin oedd o, a dim ond un goes ganddo fo, a choes bren o'r pen-glin i lawr ar y goes arall. Roedd plant yr ardal i gyd ei ofn o, a Nhad yr un fath a dweud y gwir, pan welodd o'n dod. Ond diawch, roedd yr hen fachgen yn glên tu hwnt y diwrnod arbennig yma. A'r hyn roedd o'i eisiau oedd coes newydd, hynny yw gofyn wnâi fy nhad roi peg newydd yn y gwpan oedd yn dal wrth y stwmp. Roedd yr hen fachgen yn cerdded milltiroedd, ac roedd wedi treulio'r goes ac angen peg newydd. Dyna lle'r oedd o, yn eistedd ar y fainc tra'r oedd Nhad yn ei gwneud hi iddo fo.

Mi fyddai yna ddau Edwin yn dod hefyd – Edwin Goch ac Edwin Ddu, dau gymeriad go arw.

Byddai rhai o'r trampiau yn mynd am eu diod. Cysgu mewn ysgubor fydden nhw. Am wn i, roedd dau ohonyn nhw wedi mynd i ysgubor Plas yn Llan un tro, y naill ddim yn gwybod bod y llall yno, ac mi aeth yn ffeit rhyngddynt! Bu'n rhaid galw am y plismon. Fuo yno erioed blismon yng Nghilcain ei hun, felly nôl Bob Williams Rhydymwyn, clamp o ddyn mawr tew. Dyna fo'n dod y bore wedyn i chwilio amdanyn nhw, a'u martshio nhw i lawr, naill ai i Rydymwyn neu i'r dref, i'r orsaf. Beth bynnag, wrth gyrraedd pedair croesffordd y Berth, fe redodd un ohonyn nhw un ffordd a'r llall y ffordd arall, ac fe wnaeth y ddau ddianc. Wel, fe aeth yr hen Bob Williams i lawr tua Cefn Melyn ac fe ddaliodd un ohonyn nhw yn rhywle a'i leinio fo efo ffon yr holl ffordd yn ôl i'r Berth a'i siarsio fo, "Eistedda di'n fanne tra dwi'n mynd i nôl y llall!" I fyny â fo tua'r Plas wedyn, ac fe ddaeth o hyd i'r llall yn rhywle cyn bo hir a'i leinio fo yr un fath. Mae'n reit wir medden nhw, pan gyrhaeddodd y Berth, bod y llall yn dal i eistedd yno'n aros amdano. Dyna sut roedden nhw'n cadw trefn yr adeg honno!

Yr unig un dwi'n ei gofio'n dod atom ni i Lys Eifion oedd Jack Francis. Roedd o'n foi taclus dros ben, yn lân iawn, ac fe wnae balu'r ardd neu rywbeth felly am ddiwrnod neu ddau. Wnae o byth aros yn hir. Fyddai Jack yn dod ac yn cysgu yn y beudy a Mam yn rhoi blanced iddo. Roedd ganddo hen dun fel tun Ovaltine efo weiar drosto i wneud handlen. Hwnnw oedd ei dun te. Byddai'n cael te a dŵr poeth o'r tŷ. Dim ots faint wnaech chi ei swcro i aros am ddiwrnod ychwanegol, cyn saith y bore mi fyddai wedi codi ac i ffwrdd â fo. Yn ei flynyddoedd olaf, treuliai'r gaeaf yn y wyrcws ym Morda ger Croesoswallt, ond deuai ar ei rownd yn yr haf i edrych am y bobl oedd wedi bod yn dda wrtho.

John Huws y gof

Dyna i chi ddyn oedd yn cael ei barchu gan bawb. Roedd o'n ddyn dros ei ddwy lath o daldra ac yn eithriadol o ffit. Ar ôl iddo fynd i oed, mi fedrai roi cic i dop ffrâm drws yr efail. Dyn styrn ofnadwy oedd John Huws. Roedd y rhan fwyaf o bobl â dim llai na'i ofn o a dweud y gwir. Os byddai yna unrhyw helynt yn y llan – nôl John Huws y gof! Doedd yna ddim lol efo fo. Ond mi roedd o'n grefftwr arbennig. Roedd yntau hefyd wedi dilyn ei dad, Richard Huws, fel gof y pentref.

Roedd fy nhad yn byw yn Tŷ Capel ar draws y ffordd i'r efail, ac ers yn grwt bach, mi fyddai'n mynd i'r efail. Roedd o'n dipyn o ffefryn gan yr hen John Huws, a John Huws yn arwr mawr gan fy nhad tra buo fo byw. Erbyn i mi ddechrau prentisio fel saer coed, roedd natur y gwaith yn newid, ac fe es ati i wneud ychydig o waith gof gan wneud cwrs efo'r *Rural Industries* i ddysgu. Roedd gan Nhad grap go dda ar waith gof am ei fod wedi treulio cymaint o amser yn yr efail, ac mi fyddai pethau'n mynd yn go boeth rhyngom weithiau! Byddai Nhad yn dweud, "Mi fyddai'r hen John Huws yn gwneud fel a fel" a minnau'n ateb, "Mae John Huws y go' wedi marw ers talwm!"

Llywelyn Jones ddaeth ar ei ôl o. Tipyn o gymeriad oedd yntau hefyd. Doedd o ddim cystal gof â John Huws i wneud giatiau a gwaith wedi'i addurno, ond roedd o'n bencampwr am bedoli. Dyna oedd crefft Llywelyn. Byddai ffermwyr yn dod o bell ac agos ato fo, o'r pentrefi o gwmpas – Llanferres, Llanarmon, Y Waen, Nannerch.

Yn yr un cyfnod, roedd yna ofaint yn Nannerch o'r enw Cartwright, gof ardderchog, ac yn un garw iawn am wneud giatiau. Fe enillodd yr hen Gartwright, Nannerch yn yr Eisteddfod Genedlaethol un tro am wneud giât, ac fe archebodd Lloyd George giât ganddo ar gyfer ei dŷ yng Nghricieth. Ond doedd o ddim yn hoff iawn o bedoli ceffylau. Roedd Llywelyn Jones, ar y llaw arall, yn ei elfen. Byddai amryw o ddeliwrs yn dod â cheffylau ato i'w pedoli, a rheini weithiau'n rhai a brynwyd o dan eu bai a rhyw gloffni neu rywbeth ynddyn nhw. Yn f'amser i, dwi'n cofio'n iawn rhai'n dod o cyn belled â Lerpwl efo llwyth llond lorri efallai i'w pedoli. A'r hen Llywelyn – dyn bychan oedd o – yn rhoi job i ni hogiau gydio ym mhen ceffyl a'i redeg lawr y llan tra fyddai o'n gwylio ac yn ystyried sut i wneud pedol o bwrpas i unioni cam. Ymhen ychydig amser mi fyddai'r un ceffyl yn rhedeg fel ceffyl newydd sbon, wedi cael meddyginiaeth!

Dwi'n cofio stori arall yn ymwneud â John Huws y gof. Roedd yna ryw Jac Meri Ann fel y bydden nhw'n ei alw o, yn byw yn y llan. Roedd yna ryw bump o dai bach lle mae'r *Close* heddiw. Buarth Isa fyddai rhai'n galw'r lle, ond Pwdl Ali oedd yr hen enw. Yno roedd popty bara'r llan. Hefyd roedd yna wraig o'r enw Mary Ann yn byw yn un o'r tai, a chanddi fab o'r enw Jac oedd yn gweithio yma ac acw. Yn y cyfnod yma, roedd o'n gweithio yn yr efail, yn taro i'r gof. Un amser cinio, roedd o wedi mynd adref a'i fam wedi bod yn cadw sŵn bod ganddi gwpwrdd cornel i ddal ei llestri gorau ac eisiau i Jac ei gosod yn ei lle. Doedd Jac ddim yn cymryd llawer o sylw mae'n debyg, felly dyma hi yn ei ben o eto. "Reit," meddai Jac gan afael yn y cwpwrdd, y llestri yn eu lle, a'i godi i fyny ar y wal. "Lle wyt t'isio fo?" "Fanne." "Reit, dal dy ysgwydd o dano fo ac mi reda i i'r efail i nôl *holdfast*," meddai. *Holdfast* ydi haearn efo blaen arno i'w yrru i'r wal, a thwll sgriw ynddo i gydied rhywbeth wrth y wal. I ffwrdd ag o i'r efail, a John Huws wedi dod o'i ginio yn gweiddi, "Neidia at yr ordd yna Jac!" a dyma Jac yn dechrau taro gan anghofio popeth am Mary Ann yn dal y cwpwrdd. Roedd hi'n ganol pnawn pan gofiodd o, a rhedeg adref fel yr andros, a dyna lle'r oedd yr hen wraig druan yn dal y cwpwrdd cornel yn llawn o'i llestri gorau a hithau ag ofn ei roi i lawr rhag iddi eu torri nhw!

Ymwelwyr

Yn y dauddegau, doedd hi ddim yn anghyffredin o gwbl i bobl gadw ymwelwyr i helpu i gael deupen llinyn ynghyd. Byddai pobl yn symud allan o'u tai i gwt i fyw dros fisoedd yr haf er mwyn gosod ystafell wely i 'fisitors'. Mentrodd

Anti Jinnie, chwaer fy nhad, gymryd ymwelwyr pan oedd yn byw ym Mhlas Teg. Dyn swil a distaw oedd ei gŵr, Robert Morris, ac i osgoi cyfarfod y fisitors ar y grisiau neu siarad Saesneg efo nhw, gofynnodd i fy nhad dorri twll yn llawr y llofft er mwyn gosod ysgol iddo fynd o'r gegin i'w wely!

Roedd lein rheilffordd Wyddgrug i Ddinbych yn stopio yng ngorsaf Nannerch, efo *halt* yn Star Crossing ddwy filltir o Gilcain, felly fe welodd fy nhad gyfle i wneud ceiniog neu ddwy, a phenderfynu rhedeg gwasanaeth tacsi.

Car

Fy nhad oedd un o'r rhai cyntaf, os nad y cyntaf, i fod yn berchennog car yng Nghilcain. Efallai fod ychydig o ymwelwyr yn dod yno efo ceir, ond doedd gan bobl leol ddim car. Prynodd Nhad *Ford Model-T* oedd mewn garej rhyw dŷ yn Brwcws, Dinbych, wedi bod yn sefyll trwy gydol y Rhyfel Byd Cyntaf ar flociau i'w godi oddi ar y llawr. Roedd o'n gar *left hand drive*, wedi dod o America, a rhif y plât oedd DM2134.

Bryd hynny nid oedd y fath beth â phrawf gyrru a chafodd fy nhad wers ar sut i yrru'r car gan Wilf Jones y plismon, mab y White Horse, Cilcain. Roedd gan y car ddau gêr ymlaen ac un yn ôl ac roedd yn cael ei yrru gan felt. Mae yna allt serth i fyny o Lanbedr Dyffryn Clwyd gyda thro Tan yr Unto yn un cas cyn mynd i fyny am Clwyd Gate ac ymlaen i Lanferres. Byddai Nhad yn trio mynd mor bell ag y gallai yn y gêr uchaf cyn newid i lawr cyn y tro. Rhaid oedd dal y pedal i lawr efo'i droed i ddringo'r allt, ond oherwydd hyd yr allt roedd ei droed yn cyffio ac mi fyddai'n trio newid ei droed gan gadw'r pwysau ar y pedal ond heb golli'r cyflymder!

Mi'i prynodd o i'r pwrpas o redeg tacsi, *hire car*, am

fod yna ymwelwyr yn dod i'r ardal yn yr haf ac roedd o'n gweld agoriad i gario'r fisitors a mynd â nhw ar deithiau i weld gogoniant gogledd Cymru. Roedd hi'n amser caled iawn yn y dauddegau ac arian yn brin. Roedd rhai o'r ymwelwyr yma'n fwy cefnog. Bu'r fenter yn llwyddiant. Dwi'n ei gofio fo'n dweud fel aeth pethau'n brysur iawn, ac os nad oedd wedi gwneud dau can milltir mewn diwrnod yng nghanol yr haf, roedd hi'n ddiwrnod sâl.

Byddai'n mynd efo'r car o Gilcain yr holl ffordd i Devil's Bridge, Aberystwyth, oedd yn gynddeiriog o bell yn yr oes honno, yn enwedig o ystyried nad oedd cyflwr y ffyrdd chwarter yr hyn ydyn nhw heddiw. Byddai'n mynd i Eryri, Dolgellau, Machynlleth ac o amgylch gogledd Cymru yn ddyddiol bron yn yr haf. Wedyn gyda'r nos, byddai'n cael ei logi i gario, a dwi'n cofio bod yn gas ganddo fynd â byddigions, er enghraifft teulu Cilcain Hall oedd rhwng Cilcain a Rhes-y-cae, i ryw *ball* mewn plasty arall, efallai i ochrau Henllan neu Ddyffryn Clwyd. Cychwyn tua naw o'r gloch gyda'r nos, a'u danfon nhw yno, yna aros amdanyn nhw, a chychwyn am adref am un o'r gloch y bore. Er mwyn mynd i Cilcain Hall yr adeg honno, roedd yna ddreif ar draws y caeau a giatiau i'w hagor a'u cau am fod yna anifeiliaid yno, a doedd y *swells* ddim yn dod allan i agor giât! Doedd Nhad ddim yn licio'r job o gwbl, bod allan berfeddion nos. Dwi'n ei gofio fo'n dweud yr hanes am fynd i ryw blasdy, efallai ochrau Tremeirchion er nad ydw i'n siŵr o hynny, a gwahanol rai wedi dod â gwahanol bobl, ac yn eistedd yn y *coach house* neu'r *tack room* neu rywle wrth y stablau yn perthyn i'r plas i gael paned a disgwyl. A'r sgwrs oedd, "Pwy sgin ti?" wrth gwrs. Yr ateb gan un oedd, "O, y bandars diawl!" Fo oedd wedi danfon y gerddorfa!

Adeg y Pasg oedd hi un flwyddyn, a mynd i lawr i stesion

Nannerch efo'r car i nôl ymwelwyr o'r trên i Gilcain a hynny ar y dydd Iau cyn y Groglith – mynd lawr yn wag a dod yn ôl efo llwyth o bobl, felly'r oedd hi drwy'r dydd. Wedyn yn gynnar ar y bore Mawrth ar ôl y penwythnos, mynd â phobl yn ôl a dod i fyny'n wag. Wrth ddod i fyny o Star Crossing heibio Tardd y Dŵr, mae yna ddwy allt – elltydd Tardd y Dŵr fydden ni'n eu galw nhw. A Nhad yn dod i fyny'n gyflymach nag arfer am fod y car yn wag, a'r peth nesaf, fe aeth o drwy'r gwrych i'r cae! Olwynion efo *spokes* pren oedd ar yr hen Model T, ac mi sigodd yr olwyn. Dyna fynd ati i newid yr olwyn, a phwy oedd y cyntaf i ddod i fyny efo merlen a char ond y gweinidog, y Parch. Ifan Dafis, oedd yn ewythr i fy nhad. "Be' ti'n neud yn fama?" medde fo. A dyma'i helpu o i gael y car yn ôl ar y ffordd a thacluso'r gwrych ychydig. "I ffwrdd â ti adre" medde fo, a chafodd neb arall wybod dim am y peth. Mi fuodd o'n lwcus. Gan ei fod yn saer troliau, doedd trwsio olwyn bren y car yn fawr o wahaniaeth, felly fe'i trwsiodd ei hun yn y siop saer!

Ar y *tours*, roedd yn rhaid iddo gario olwyn sbâr, teiar sbâr, tiwb, a thun petrol efo fo. Roedd yna le ar y *running board* ar ochr yr hen Model T i gario caniau petrol, wyth galwyn i gyd, oherwydd roedd pwmp petrol yn beth prin yn yr oes honno. Mae'r tuniau petrol a'r brwsh i lanhau edyn olwynion pren y Model T yn dal yn fy meddiant.

Yn sgil llwyddiant menter y Ford, ehangodd y busnes cludiant trwy brynu bws 14 sedd i gludo trigolion y cylch i'r Wyddgrug ar ddyddiau Mercher a Sadwrn i siopa ac i'r farchnad, gwasanaeth oedd yn cael ei werthfawrogi'n fawr. Bryd hynny, doedd hi ddim yn anghyffredin i bobl ddod â llo, mochyn, oen, ieir, gwyddau neu hwyaid ar y bws! Mi fyddai'r bws yn llawn o fasgedi a nwyddau yn yr eil ac roedd yn rhaid i bobl gamu drostyn nhw, ond doedd neb yn cwyno. Codwyd garej wrth giât yr eglwys i gadw'r bws.

Fe gafodd fy nhad ddamwain cas tua'r adeg yma a llifio dau o fysedd ei law chwith i ffwrdd efo bwrdd llif. Doedd o ddim yn gallu gyrru'r bws am gyfnod ac roedd ganddo brentis o'r enw Wil Morris. Darparwyd 'gwers' iddo ar yrru'r bws gan fy nhad, sef mynd â fo o Gilcain i Star Crossing ar ffordd yr Wyddgrug, taith o ddwy filltir, a dyna Wil yn yrrwr bws! Cafodd fy nhad ffit o weld Wil yn dychwelyd efo'i lwyth cyntaf, sef 25 o bobl, pan nad oedd y bws i gario mwy na 14!

Erbyn y 1930au roedd fy nhad wedi rhoi'r gorau i'r byd cludiant. Tyfodd y gystadleuaeth yn y maes ac roedd cwmni Crosville yn cymryd drosodd bron trwy ogledd Cymru. Un o'i fentrau yn y tridegau oedd prynu pwmp petrol llaw, ond yn anffodus doedd yna ddim digon o gerbydau. Fe'i gwerthodd i Goodman Jones y teiliwr gan fod ganddo ferch nad oedd yn gryf ei hicchyd er mwyn galluogi honno i ennill bywoliaeth. Mi fu yna bwmp gwerthu petrol yn Walwen wedyn tan y saithdegau, yr unig un yng Nghilcain.

Gorsaf Nannerch

Roedd stesion Nannerch yn lle pwysig. Dyna'r orsaf agosaf atom ni yng Nghilcain, heblaw am *halt* yn Star Crossing. Roedd yna seiding yn Nannerch, a thryciau glo yn dod yno. Roedd yna graen yno, un i weindio â llaw i godi pethau trwm oddi ar y trên. Roedd o'n wasanaeth arbennig o dda. Byddem yn mynd i stesion Nannerch i nôl rhywbeth byth a beunydd. Bron nad oedd diwrnod yn mynd heibio nad oedd rhywun yn galw yn y stesion i nôl rhywbeth. Er enghraifft, roedden ni'n gwneud eirch, ac yn delio efo cwmni o Lerpwl fyddai'n engrêfio plât pres efo enw a dyddiad ac ati i'w rhoi ar gaead arch. Byddem yn ffonio Lerpwl yn y bore, ac yn codi'r plât am bump o'r gloch yr un diwrnod yn stesion Nannerch. Byth yn methu. Roedd o'n wasanaeth ardderchog. Fues i ddim yn teithio llawer ar y trên fy hun chwaith.

Roedd yna dri portar yn stesion Nannerch yn fy amser i – John Huw chwedl ninnau o Ysgeifiog, Trevor Cartwright, ac un o Licswm nad ydw i'n cofio'i enw. Roedd o'n lle difyr dros ben – mynd i'r stesion drwy'r *waiting room* i'r platfform, troi i'r chwith i mewn i ystafell y portar, a chlamp o dân yno bob amser yn y gaeaf. Roedd yna ddigon o lo i'w gael yno! Roedd o'n lle braf i fynd. Dwi'n cofio Nhad yn prynu tryc o lo gan rywun i ffwrdd yn rhywle, a'i nôl o o stesion Nannerch, a'i rannu o efo perthnasau, a hwnnw'n lo efo lympiau mawr ynddo fo, lympiau hanner cant weithiau, glo da iawn.

Dwi'n cofio mynd efo Nain ar y trên o Star Crossing i Padeswood un tro i fynd i weld Yncl John yn y Bistre, Bwcle. Dyna syrcas o job! Roedd y platfform yn Padeswood yn isel ac roedd yn rhaid dod â step bren at y trên i hwyluso'r cam i lawr. Roedd Nain yn drwsgl yn ei henaint a chafwyd andros o strach ei chael hi allan o'r trên. Dim ond *halt* oedd Star Crossing, doedd yna ddim lle i brynu tocynnau yno, a'r arferiad oedd talu wrth i chi ddod oddi ar y trên, ond yng nghanol yr halibalŵ efo Nain, fe wnaeth pawb anghofio popeth am dalu!

Yr eglwys

Mae eglwys Cilcain yn hynafol iawn, a tho hardd iawn y tu mewn iddi. Wrth gwrs, mae amryw o bersonau wedi bod yno dros y blynyddoedd. Fe glywais yr hen bobl yn sôn yn arbennig am Mr Ffelics (Felix). Hen lanc oedd o, a dyn parchus iawn. Roedd o bob amser yn cadw dwy forwyn yn y ficerdy i fod yn barchus! Hefyd, roedd y ficerdy yr adeg honno'n dyddyn bach, a byddai'n cadw dyn fel garddwr, ac i odro'r fuwch a gwneud rhyw waith felly. Roedd yna hen gymeriad yn yr ardal yn cael ei gyfri'n dipyn o gybydd, ac mi fyddai o'n dweud, "Ma' Mr Ffelics yn ddyn call. Mae Mr Ffelics yn dweud os twtsiwch chi boced dyn dach chi'n twtsied ei galon!"

Mi glywais i stori ddoniol am ddau hogyn yn chwarae efo pric a thail ceffyl ar y llan, pan ddaeth Mr Ffelics heibio. Roedd o'n glamp o ddyn mawr. 'Babs' White Horse oedd un o'r plant. "Wel fechgyn, beth ydach chi'n ei wneud fan hyn?" holodd y person. "Chwarae eglwys, syr," medden nhw, yn awyddus i'w blesio. "O yn wir? A ble mae'r tŵr?" "Dyma fo, syr," medden nhw a gwthio swp o'r tail i un pen. "A ble mae'r allor?" "Fan hyn," medden nhw, a phrocio'r tail efo'r pric. "Wela i. A ble mae'r *person* dudwch?" Crafodd yr hogyn ei ben cyn ateb heb fymryn o gellwair, "O, does gynnon ni ddim digon o gachu i wneud y person."

Dwi fy hun yn cofio Eric Pritchard yma'n berson, wedyn Hughes, ac ar ei ôl o Henry Rees, wedyn Dibden Williams, Russell Owen, ac Alec Price. Ges i dipyn i'w wneud â phob un ohonyn nhw yn fy ngwaith fel ymgymerwr angladdau.

Y capel

Roedd yna gapel bach ers talwm i lawr allt y Pentre, ddim yn y llan, sy'n dŷ o'r enw Glan Aber erbyn hyn.

Yna fe adeiladwyd y capel presennol tua 1861. Codwyd ysgoldy newydd, festri blaenoriaid, a chegin ar droad yr ugeinfed ganrif, pan oedd fy nhaid a nain yn byw yn Tŷ Capel.

Ychydig iawn o weinidogion fu. Am wn i na fu neb

heblaw Edward Adams, y gweinidog cyntaf; Ifan Dafis, yna J. L. Phillips am gyfnod – un o'r de oedd o – a'r Parch. R. R. Evans wedi hynny.

Roedd yna gapel bach Wesle i lawr y ffordd o'r llan sydd wedi ei wneud yn dŷ ers blynyddoedd maith, sef Bronwylfa. Roedd yna hanes reit diddorol i hwnnw. Roedd rhai o ffermwyr yr ardal wedi cynnig y bydden nhw'n dod efo ceffylau i gario cerrig i godi'r capel, ond fel mae gwirfoddolwyr yn aml iawn, roedden nhw'n frwdfrydig iawn am sbel ond buan y gwnaethon nhw chwythu'u plwc. Felly fe adawyd y dyn oedd yn codi'r capel ar ei ben ei hun yn y diwedd. Mi ddywedodd rhyw ffermwr – o Dyn y Caeau dwi'n credu – wrtho fo'n gellweirus braidd, bod ganddo ferlod gwyllt ar y mynydd, ac os âi o yno a dal un y câi'r dyn yma'r ferlen i gario cerrig. Roedd y dyn yn go ddigalon. Beth bynnag, mi aeth, a dyna lle'r oedd y merlod ac mi gerddodd atyn nhw'n ddigon anobeithiol a rhaff efo fo. Mi aeth yn syth at ryw ferlyn, ac mi safodd hwnnw'n reit llonydd. Rhoddodd y rhaff arno fo a dod ag o oddi yno, ac felly, medden nhw, y gorffennodd o'r capel. Pan gaewyd y capel bach hwnnw, fe'i prynwyd gan Mr Owen Wynne oedd yn flaenor Methodist yn y llan, rhag ofn i ryw enwad arall godi achos yno!

Y Parch. Evan Davies

Roedd Evan Davies yn gymeriad hynod iawn, wedi mynd i'r weinidogaeth ar ôl mynd i dipyn o oed. Doedd o erioed wedi cael addysg heblaw ysgol bentref. Roedd o'n hanu o Bylchau, ac fel mae'n digwydd, roedd fy nain i ac Ifan Dafis yn hanner brawd a chwaer.

Fydde 'ne sôn garw am Ifan Dafis fel pregethwr am flynyddoedd wedi iddo fo fynd. Roeddwn i'n digwydd bod yn Ninbych rhyw bnawn Sadwrn, a galw mewn siop cigydd i gael tamaid o gig ar gyfer y Sul, a doedd yna neb yn y siop ar y pryd ond y cigydd a finnau. Dyna ddechrau sgwrsio ychydig, a dyma fo'n gofyn, "O le dach chi'n dod?" "Cilcain," meddwn innau. "Tewch," medde fo, "Dwi'n cofio hen bregethwr o Gilcain – y Parch. Ifan Dafis – yn dod yma i bregethu yn Capel Lôn Swan," a dyna fo'n bwrw ati yn cofio'i bregethau. Un o bregethau mawr Ifan Dafis oedd pregeth Arch Noa. Byddai'n disgrifio'r anifeiliaid yn dod fesul dau, a Noa'n eu derbyn nhw. Ac un o'i feibion yn dweud, "Drychwch Nhad, be di'r rhein yn dod?" am y jiraffod. "Wnân nhw byth fynd i mewn drwy'r drws. "O gwnân," meddai Noa, "Rhaid iddyn nhw wyro pen i fynd i mewn i'r Arch." Erbyn hynny, roedd 'na lond siop o bobl yn y siop bwtsiar ma, ond doedd o'n cymryd dim sylw!

Flynyddoedd wedi hynny, roedden ni ym Mhwllheli, wedi parcio'r car ar Stryd Penlan pan oedd y plant yn fach, a ninnau'n sgwrsio yn Gymraeg wrth reswm. Roedd yna ddau hen frawd yn eistedd ar fainc gerllaw, a dechrau tynnu sgwrs wrth ein clywed ni'n Gymry. Dyma ddweud ein bod yn dod o Gilcain, a'r un stori eto, cofio'r Parch. Ifan Dafis yn pregethu yn rhywle. Byw neu farw, roedd yn rhaid iddyn nhw roi arian i'r plant gael hufen iâ ar ôl i mi ddweud ei fod yn perthyn i ni!

Byddai gweinidogion Sir y Fflint yn cael eu gwadd i Blas Pen Ucha, Caerwys, bob blwyddyn gan Lady Lewis. Saesnes oedd hi. Ar yr un cyfnod, roedd William Williams yn weinidog yn Helygain ac yntau ac Ifan Dafis yn hy iawn ar ei gilydd. Wedi cael cinio ym Mhlas Ucha, roedd yn rhaid cynnig diolchiadau, a dyma William Williams yn codi ar ei draed a dechrau dweud rhywbeth yn Saesneg er nad oedd o'n fawr o Sais. Wedi iddo orffen, gofynnodd rhywun i Ifan Dafis ddweud gair. Dyma fo'n codi ac yn diolch yn Gymraeg, gan ddweud, "Dwi'n ame dim na neith Lady Lewis fy nallt i yn Gymraeg cystal bob llychyn ag roedd hi'n deall William Williams yn Sasneg!"

Pan fyddai Ifan Dafis yn mynd i bregethu yn rhywle, ac yn derbyn ei dâl mewn amlen, fyddai o byth yn ei hagor, dim ond mynd adref a'i rhoi ar y bwrdd. Roedd ganddo gred gydwybodol y byddai'r Brenin Mawr yn gofalu amdano, a doedd arian yn poeni dim arno.

Pan adeiladwyd ysgoldy Capel Cilcain, gwirfoddolodd yr aelodau i dorri'r sylfeini cyn i gwmni o Fflint fynd ati i godi'r adeilad. Roedd Ifan Dafis yn ddyn cydnerth oedd wedi gweini ar ffermydd, a fo weithiodd efo caib a rhaw i dorri'r sylfaen.

Clywais stori amdano ar ddiwrnod dyrnu ers talwm. Roedd o'n byw yn Walwen a chocyn ŷd ganddo yn y Berth, ac ar ôl dyrnu rhaid oedd cario'r ŷd adref mewn sachau. Roedd Ifan Dafis ar ei liniau yn tynnu'r sachau i fyny trwy shytar i'r granar. Roedd un sach wedi'i llenwi'n go arw, a'r hogiau'n cael trafferth ei chodi i fyny ato. "Codwch hi ddigon uchel i hwnnw sydd piau hi gael gafael arni hi!" meddai. Roedd o'n gryf.

Cyn cael ei ordeinio, aeth i Langollen o flaen panel. Ar ôl ei holi atebodd yr holwr, "Beth fedrwn ni ei wneud ond ei ordeinio?" Aeth Dad a'r hen saer i'r gwasanaeth ar eu beics.

Yn Tŷ Mawr dwi'n ei gofio fo'n byw, efo'i ferch Sarah oedd yn dod i'r capel mewn cot ffwr. Roeddwn i'n go fach. Fo bedyddiodd fi pan oeddwn yn faban. Doeddwn i mond rhyw bump oed pan fuodd o farw, ond mae gen i gof plentyn amdano. Yr hyn a wnaeth argraff arna i oedd ei fod o'n fawr efo dwylo anferth. Byddai'n fy nghodi ar ei lin, ac mae'r dwylo mawr wedi aros yn fy nghof i byth.

'Yncl Tŷ Mawr' oedd o i ni. Un o'i hoff ddywediadau oedd, "Fel y mae, mae orau," ac mae'r teulu wedi

dyfynnu'r geiriau lawer gwaith. Mae'n rhyfedd os daw
tro trwstan neu amser caled weithiau, bod rhywbeth da
yn deillio ohono. Dydan ni ddim yn gallu newid rhai o
ddigwyddiadau mawr bywyd, ac mae'n rhaid eu derbyn
a chwilio am y bendithion sy'n dod yn sgil pob profiad.
Roedd yr hen yncl yn ddoeth yn doedd.

Ymhen blynyddoedd, roeddwn mewn angladd ym
mynwent Cilcain pan ofynnodd y Parch. Eirian Davies,
Yr Wyddgrug, ai yno y claddwyd Ifan Dafis. Gallwn
ddangos y bedd iddo'n syth, ond roedd y borfa'n hir ac
fe ymddiheurais iddo. Atebodd Eirian Davies nad oedd
ots: "mae'n werth gwlychu glin i benlinio wrth fedd Ifan
Dafis".

Adloniant

Roedd yr hen Thomas Rushforth, Plas Newydd, fuodd fyw
i'w nawdegau, yn cofio eisteddfod mewn pabell yn Erw
Groesffordd, y cae lle mae tai cyngor Maes Cilan rŵan.
Roedd y cae'n perthyn i Lys Eifion. Roedd hynny cyn codi
ysgoldy'r capel yn 1905.

Roedd yna gwmni drama yng Nghilcain, yn perfformio
yn yr ysgoldy.

Yn ddiweddarach, pan oedd fy nhad yn flaenor yn y
capel, mi fyddai yntau'n cynhyrchu dramâu yn yr ysgoldy.
Roedd o hefyd yn dysgu sol-ffa i'r plant. Bob Bron y
Nant (Penmaenmawr), ei frawd yng nghyfraith, wnaeth
ei ddysgu o. Roedd Bob yn arholwr sol-ffa ac yn mynd
o gwmpas i brofi pobl. Roedd Nhad yn gerddorol a llais
canu da ganddo, tenor neu fariton fel roedd angen, ac yn
codi canu yn y capel. Fe basiodd arholiad i fod yn aelod
o'r Orsedd a chael ei urddo yn Eisteddfod Genedlaethol
Yr Wyddgrug 1923, ond fuodd o erioed mewn seremoni
gyda'r Orsedd ar ôl hynny. Doedd ganddo ddim diddordeb,

gan alw'r holl beth yn baganaidd. Fodd bynnag, ei enw barddol oedd Cainwyn, ac fe ychwanegodd hynny at ei enw bedydd sef John Jones. Cafodd ei adnabod fel J. C. Jones am weddill ei oes, a buom yn trêdio fel J. C. Jones and Son nes i mi adael Cilcain.

Cynhaliwyd gwahanol ddathliadau yn y llan. Mae gen i lun o orymdaith i ddathlu coroni'r Brenin George VI ym mis Mai 1937.

Roedd gan Dad gôr plant ar un adeg, ac mi fuon nhw'n reit lwyddiannus. Parti o ferched ifanc oedden nhw, gyda Nattie Rushforth Plas Newydd, ac un o ferched Maes y Groes, ac Enid ni yn eu plith. Roedd Nattie yn ferch i Tom Rushforth a'i wraig Sophie o Blas Newydd, hithau'n ferch i brifathrawes yr ysgol. Dwi'n cofio Nhad yn sôn bod y côr wedi canu yn rhywle, ac wedi ennill gwobr mae'n rhaid, oherwydd pan wnaethant gyrraedd adre, fe afaelodd yr hen wraig ynddo ar ganol y llan a rhoi sws fawr iddo, a hynny er mawr embaras iddo!

Ddaru Nhad erioed wastraffu amser ar roi addysg gerddorol i mi. Roedd o'n gwybod yn iawn 'mod i'n anobeithiol! Gan 'mod i'n dda i ddim am ganu, fe ddaru o fy nysgu i arwain y parti un tro. Doedd gen i ddim clem beth roeddwn i'n ei wneud, mond sefyll o flaen y cantorion a chwifio'r baton. Dwi'n cofio'r siâp ar gyfer un-dau-tri-pedwar hyd heddiw!

Arferion priodas

Pan oedd rhywun yn priodi, byddai yna danio gwn a phethau felly. Am wn i mai fi oedd yr olaf i wneud peth felly. Roedd Robert Jones wedi dod yn fugail i'r Garth, a phriodi yn eglwys Cilcain. Dwi'n cofio'n iawn tanio'r gwn y tu ôl i wal y fynwent. Dwi'n cofio John Richard Huws yn dweud y bydden nhw'n tanio efo powdr du flynyddoedd yn ôl, dynion yn gweithio yn y meins wrth gwrs. Dwi'n ei gofio fo'n dweud rhyw dro am rywun wedi rhoi powdr du ar garreg yn ymyl y fynwent yng Nghilcain a thanio, ac mi ddisgynnodd clamp o lwmp mwy na thorth ar ganol buarth y capel, rhwng y capel a'r ysgoldy. Gallai fod wedi lladd rhywun!

Sipsiwn

Dwi'n cofio'r sipiwn yn dod yn eu tro yn y carafannau *round top*. Roedd yna gafn dŵr wrth Tardd y Dŵr efo dipyn o dir glas ac yno roedden nhw. Roedd yn rhaid iddyn nhw symud tair milltir dwi'n credu ar ôl rhyw ddwy neu dair noson cyn cael gwersylla eto. Lle arall oedd ar y ffordd isaf yn ymyl y ffordd sy'n troi i fyny am Gefn Ucha a Chefn Isa. Roedden nhw'n hynod o daclus gan adael dim ond olion tân ar eu hôl. Fydden nhw'n gwerthu pegiau dillad. Dwi'n cofio un arall yng nghae'r Ddeugae ar ffordd Loggerheads. Mi fydden nhw'n rhoi'r garafán y tu mewn i'r giât, ac mi fyddai hwnnw'n aros am bythefnos efallai, yn wahanol am eu bod wedi cael caniatâd. Mi fydden nhw'n plethu'r giât efo brigau cyll i wneud rhyw fath o sgrin er mwyn bod yn fwy preifat. Roedd Mrs Ross yn ferch i'r sipsi yna, a Landa oedd ei brawd hi, hen bethau iawn. Roedd hi'n brasgamu wrth gerdded, a phob cam tua phedair troedfedd ar y tro, a basged ar ei braich hi. Mi fydden nhw'n rhoi rhyw fath o sgert o amgylch gwaelod y garafán. Roedden nhw'n cadw ieir ac mi welech chi'r ieir yma'n crafu ar ochr y ffordd.

II

Plentyndod

ROEDDWN I'N HIR yn cerdded mae'n debyg. Mi fyddai Mam yn fy rhoi mewn casgen afalau wag efo fy mreichiau dros y top i wneud i mi sefyll i fyny i gryfhau fy nghoesau.

Ysgol Cilcain

Dechreuais fynd i ysgol y llan yn bump oed. Y brifathrawes oedd Miss Doris Mary Thomas o Abergele. Dynes fechan oedd hi. Hi oedd yn dysgu'r plant hynaf. Roedd Miss Rona Hayes yn dysgu'r oedran canol, y ddwy yn cynnal eu gwersi yn yr un ystafell. Yna roedd Miss Evans efo'r plant bach yr ochr arall i balis pren ym mhen pellaf yr adeilad. Dynes go dal o Bantymwyn oedd hi. Roedd yr ysgol yn ysgol eglwys, ac roedd Miss Thomas yn addoli'r person. Ei chytgan cyson ar unrhyw fater oedd, "I agree with the vicar".

Er mai pobl capel oeddem ni, roedd Mam yn fy siarsio i dynnu fy nghap os oeddwn i'n gweld y person er mwyn dangos parch iddo.

Saesneg oedd iaith yr ysgol, er bod yr athrawon yn Gymry Cymraeg. Yn y capel y cefais i addysg Gymraeg, ac roeddwn yn darllen ac yn ysgrifennu yn Gymraeg yn yr Ysgol Sul. Roedd pobl yr eglwys yn dueddol o fod yn

Saeson, a Chymry'r eglwys yn fwy Seisnig am nad oedden nhw wedi cael eu trwytho yn yr iaith Gymraeg fel pobl y capel. Roedd fy nhad yn cofio pobl yn sôn am wisgo'r *Welsh Not* yn yr ysgol.

Byddem yn mynd adref o'r ysgol i ginio. Roedd yna gwt yn nhalcen Tŷ'r Ysgol i gadw glo a byddem yn cael ein gyrru yno i nôl *coke* i'r stôf i dwymo'r ysgol. Roedd yna fuarth cul i ni fynd allan i chwarae, gyda'r bechgyn ar y chwith a'r genethod ar yr ochr dde agosaf at y capel. Roedd yna 2 neu 3 tŷ bach bob ochr, gyda bwâu brics y tu ôl iddyn nhw lle'r oedd y bwcedi. Gallai'r dyn gwagio dynnu'r bwced allan o'r cefn gyda'r nos. Jac y Tyddyn oedd y *night soil man*.

Lampau paraffin oedd yn goleuo'r ysgol. Byddem yn eistedd wrth ddesgiau efo *inkwells* ynddynt. Dydw i ddim yn cofio ysgrifennu ar lechen fel fy nhad. Fe gaech gansen ar draws eich llaw am gamymddwyn. Y Waen oedd enw'r cae chwarae wrth gefn yr ysgol. Roedd yna wrychoedd mawr yn hongian drosodd, gan greu rhyw fath o gwt o dan y goeden oedd yn lle sych i chwarae. Yr Ali Fawr fyddem yn galw'r fan honno. Roedd fy nhad yn sôn pan oedd o yn Ysgol Cilcain bod yna ddau bant yn y cae – yr 'ali fawr' a'r 'ali fach'. A byddai'r plant yn chwarae rhyw gêm ac yn dweud, "Y dwytha i'r ali fawr fydd arnodd!" a rhedeg i'r pant yma. Byddem yn cael ein siarsio i beidio â mynd allan o'r Waen, er y byddem yn mentro drwy'r giât mochyn yn y gornel uchaf weithiau.

Doeddwn i ddim yn sgolor o fri, a doedd gen i ddim i'w ddweud wrth ysgol a dweud y gwir. Wnes i ymdrech arbennig efo darn o waith cartref un tro, ac mae'n rhaid fy mod i wedi gwneud yn go dda oherwydd yn lle fy nghanmol, fe ofynnodd yr athrawes yn reit flin pwy oedd wedi fy helpu. Fy ymateb i hyn oedd gwrthod gwneud gwaith cartref iddi byth wedyn, ond mae arna i ofn mai fy ngholled i oedd hynny yn y pen draw.

Yr Ail Ryfel Byd

Roeddwn yn ddisgybl yn ysgol y llan yn ystod cyfnod yr Ail Ryfel Byd. Dwi'n cofio gorfod cario masg nwy mewn bag, a byddai rhywun yn dod bob hyn a hyn i'w profi nhw. Roedd ganddyn nhw ffilter crwn, ac roedd yn rhaid addasu'r strapiau fel eu bod yn dynn amdanoch. Doedd yna ddim *air shelter* na dim byd felly yn unman. Pan ddaeth y faciwîs o Lerpwl, daeth athrawes o'r enw Miss Wilson efo nhw. Roedd hi'n lojio yn Cilan Lodge. Roedd rhai o'r plant yma'n blant mawr, hyd at 14 oed. Wedyn roedd yna dair athrawes yn dysgu eu grwpiau yn yr un ystafell ddosbarth. Erbyn diwedd y rhyfel, roedd rhai o'r plant yn siarad Cymraeg yn rhugl.

Daeth teulu o faciwîs i fyw cfo ni yn Llys Eifion, sef Mr a Mrs Jones a'u dwy ferch, o Wallasey. Roedden nhw'n byw yn y ddwy ystafell yn ffrynt y tŷ, a ninnau'n byw yn y cefn.

Byddem yn cael newyddion ar y weiarles oedd o dan y grisiau yn yr *hall* fel y gallai'r Joneses yn y ffrynt a ni yn y cefn glywed. Roedd yna Sais o'r enw John Ifans yn byw yn Llanaber fyddai'n ailwefru'r batris ar gyfer y weiarles.

Roedd yna *Home Guard* ac ARP (*Air Raid Precautions*) yng Nghilcain. Roedd fy nhad yn yr ARP am fod ganddo fan y gellid ei defnyddio fel ambiwlans ac roedd o hefyd yn cario pwmp llaw (*stirrup pump)* a phwmp mwy i'w weithio gan ddau ddyn os oedd yna dân. Bu tân yn sied wair Maes yr Esgob yn ystod y cyfnod yma, er nad oedd hynny oherwydd y rhyfel, a gyda'r pwmp dau ddyn yma fe wnaethon nhw atal y tân rhag chwalu i adeiladau eraill nes y cyrhaeddodd y frigâd dân swyddogol. Roedd yr *hydrant* ym muarth Maes y Groes er mwyn cael dŵr o'r *mains*, ac ar ôl i'r dynion tân osod eu pibellau a'u rhowlio allan fe wnaethon nhw ddarganfod eu bod wedi eu gosod o chwith a gorfod ail-wneud. Yn y cyfamser, roedd Nhad a'i gyfaill wrthi fel yr andros yn pwmpio dŵr o danc dŵr ar y buarth, gan achub y dydd.

Fe gariwyd teiars i adeiladu *decoy* ger y Castell – tyddyn oedd hwnnw uwchlaw ffordd Loggerheads, mynd ato o'r Ffrith – i'w danio pe bai Rhydymwyn yn cael *strike*. Roedd yna gwt brics efo ffôn ynddo fo yno lle'r oedd rhywun ar ddyletswydd drwy'r amser mewn tair shifft. Y syniad oedd cynnau'r *decoy* mewn argyfwng er mwyn denu awyrennau'r Almaen o Rydymwyn lle'r oedd yna ffatri tanddaearol pwysig. Doedd gennym ni ddim syniad ar y pryd beth oedd yn mynd ymlaen yno. Roeddem yn teimlo ein bod yn ddigon pell i ffwrdd o beryglon y rhyfel heb sylweddoli ein bod o fewn tafliad carreg i le mor dyngedfennol. Trwy drugaredd, ni ddaeth yr argyfwng, ond mewn storm o fellt a tharanau, fe aeth y *decoy* ar dân. Ni chafodd ei ail-wneud wedyn.

Roedd pryder hefyd y gallai'r Luftwaffe ddilyn y rheilffordd rhwng Dinbych a'r Wyddgrug oherwydd bod y trên yn mynd ar i fyny o Fodfari i'r Hendre a'r golau ym mocs tân yr injan i'w weld yn ystod y nos wrth iddyn nhw godi stêm i ddringo'r allt. O'r Hendre ymlaen, roedd y trên yn mynd ar i lawr felly roedden nhw'n cau drws y bocs tân, a gan fod yna goediach yn y cwm hefyd, doedd dim modd dilyn y trên i Rydymwyn wedyn.

Roedd yr *Home Guard* yn cyfarfod yn y Ficerdy ac fe baentiwyd yr ystafell yn lliw *khaki* am ryw reswm! Cawsom ni'r dasg o baentio hon i liw callach ymhen amser, a bu'n rhaid rhoi sawl côt o baent i ladd y gwyrddni.

Roedd y *guard room* ym Mhenallt yn y llan, a'r dynion

yn cymryd eu tro i fod ar ddyletswydd. Un noson, roedd Tommy Mathews a Jack Turner yno ac yn sgwrsio'n braf. Mae'n rhaid bod eu lleisiau'n cario, ac fe allai Andrew Bartley, Tŷ'r Felin, eu clywed wrth iddo gerdded i fyny allt y Pentre. Fe sleifiodd i fyny atyn nhw a gwthio blaen ei wn drwy'r drws gan roi braw aruthrol i'r ddau oedd yn grediniol bod y gelyn wedi cyrraedd! Yn ei gynnwrf, gwaeddodd Jack, "Shoot the bugger Tom!" a hyn wedi creu difyrrwch mawr wedyn.

Dro arall, daeth neges i ddweud bod parasiwt wedi dod lawr tua Pen Lein a bod yn rhaid i'r *Home Guard* fynd yno i weld. Doedd ganddyn nhw ddim iwnifform na gynnau na dim. Amser y cynhaeaf oedd hi, a Wil Goodwin, Plas yn Llan yn y cae gwair. Roedd o'n gwisgo het wellt efo twll mawr ar y corun, ond roedd y cantel llydan yn cadw'r haul allan o'i lygaid wrth iddo weithio. Sgythrodd fel roedd o i chwilio am y Jyrman yma allai fod wedi glanio, ond ddaethon nhw o hyd i neb. Dywedodd rhywun wedyn petaen nhw wedi ffeindio Jyrman y bydden nhw wedi ei ddal o'n ddigon hawdd oherwydd mi fyddai'n chwerthin cymaint wrth weld y golwg ar Wil!

Roedd gennym ddigon o fwyd gan ein bod yn cadw moch, gwartheg ac ieir ac yn gallu cynhyrchu menyn, bacwn ac wyau, a byddai Mam yn pobi bara. Roedden ni'n gwerthu llefrith o amgylch y llan gan ei dywallt i dun enamel a byddai merched o'r Wyddgrug a'r cylch yn dod i brynu wyau. Pethau fel siwgr, te a halen oedd y pethau oedd yn rhaid i ni eu prynu. Gellid cael swêj am ddim oedd wedi disgyn oddi ar drol ar y ffordd neu drwy ofyn i ffermwr am un. Roeddwn i'n gwisgo dillad oedd wedi mynd yn rhy fach i berthnasau ac unwaith fe ges i bâr o esgidiau *brogue* ac roeddwn yn meddwl fy mod i'n swel ofnadwy.

Roedd gan Jones Plymog, Llanferres hamiau yn hongian ar fach yn y tŷ pan ddaeth rhyw drafaeliwr o Sais heibio adeg y rhyfel a chynnig hanner canpunt iddo am y cig, sef crocbris ar y pryd. Fiw iddo werthu'r ham. Roedd o wedi cael trwydded i ladd mochyn at ddefnydd y teulu, ond chaech chi mo'i werthu, mi fase hynny ar y farchnad ddu. Felly fe eglurodd hynny a dweud bod y pris yn bres mawr, ond ateb y Sais oedd, "I've got fifty pounds but I can't eat that!"

Ymunodd ychydig â'r lluoedd arfog, ond yn sicr nid cymaint ag yn ystod y Rhyfel Byd Cyntaf. Rhaid oedd i bob ffermwr gynhyrchu cyfran o ŷd a thatws i helpu i fwydo'r wlad. Byddai'r tatws yn cael eu cludo i'w rhoi mewn clamp, neu hog datws fel roeddwn i'n ei alw o, ble mae safle'r frigâd dân yn yr Wyddgrug heddiw.

Fy nhad oedd piau'r Bwlch gyda 18 erw, ac roedd yna hen adeilad cerrig yn y cae. Defnyddiodd Sefydliad y Merched yr adeilad i roi ffrwythau mewn tuniau a gwneud jam ac mi fues innau'n mynd yno i droi handlen peiriant i gau'r tuniau. Roedden ni'n cael ein hannog i fynd i gasglu pennau rhosod gwyllt (*rosehips*) oherwydd eu bod yn llawn fitamin C a byddai'r rhain yn cael eu casglu o'r ysgol lle fydden ni'n mynd â nhw.

Daeth amryw o deuluoedd o Lannau Mersi i fyw'n barhaol i'r plwyf oherwydd y bomio a'r peryglon eraill roedden nhw'n eu hwynebu. Un o'r teuluoedd hyn oedd y teulu Scott o Hooton a oedd efo busnes cyflenwi cig i longau, un arall oedd Poggi, masnachwr gwin. Roedd masnachwyr yr Wyddgrug yn ddigon craff i wybod a chymryd mantais o'r ffaith bod gan deuluoedd o'r fath arian ac felly byddai pethau'n cael eu rhoi o dan y cownter o'r golwg ar eu cyfer, pethau na fyddai ar gael i bobl leol.

Teulu arall a oedd efo tŷ yng Nghilcain cyn y rhyfel

oedd y Fawcets, teulu o Benbedw oedd yn berchen ar ffatri gwneud bisgedi ac fe wnaethon nhw ddod i fyw'n barhaol i Gilcain oherwydd y bomio. Fe wnaethon nhw golli eu cartref a'r ffatri fisgedi hefyd yn ystod cyrchoedd bomio'r Luftwaffe.

O ben rhannau uchaf Cilcain roedd yn bosibl gweld yr awyr yn goch i gyfeiriad Lerpwl wrth i dai, busnesau a gweithfeydd losgi oherwydd y bomio.

Roedd awyrennau'n disgyn *incendiary bombs* i ddechrau tân. Fe laniodd un ym Mhen y Gelli ac mi allech chi weld y tân o'r llan. Ond wnaethon nhw ddim dod o hyd i Rydymwyn, mae'n siŵr mai dyna'r targed. Fe laniodd bom yng ngwaelod lôn y Bwlch hefyd, a dwi'n cofio mynd i hel darnau o shrapnel gloyw oedd yn sownd ym moncyffion y coed.

Mae yna lun o Harold Williams (Hal) a fi yn sefyll ar gornel Ty'n Llan, a dwi'n bwyta banana. Roedd hynny'n beth amheuthun iawn ar ôl y rhyfel. Gyda llaw, roedd yna lamp oel ar gornel Ty'n Llan ers talwm, ac un ar gornel Tŷ Capel. Dwi'n cofio'r ffrâm ond ddim y lamp.

Fel pob plentyn cefn gwlad, roedd pawb yn dechrau 'gweithio' tua saith i wyth oed mae'n siŵr wrth wneud mân orchwylion bob yn ail â chwarae. Roedd rhywun yn dod i ddynwared bywyd trwy gopïo beth roedd oedolion yn ei wneud. 'Lle crafa'r iâr y piga'r cyw' medden nhw! Mi fydden ni'n cadw dwy hwch ac wyth o warthey. Cododd fy nhad gôr 'modern' bryd hynny gyda lle i rwymo'r gwartheg. Oherwydd bod fy nhad wedi colli dau fys, doedd o ddim yn gallu godro a gwaith Mam oedd hynny. Byddai hi'n corddi menyn, a minnau'n gorfod helpu wrth gwrs a throi'r fuddai. Dros amser gostyngodd nifer y gwartheg i un at ein defnydd ein hunain.

Nain Llys Eifion

Roedd Nain yn byw efo ni trwy gydol fy mhlentyndod, a'i dylanwad yn fawr arnaf. Lwmpen o ddynes fach solet efo gwallt brith mewn byn ar ei phen oedd hi. Mewn ffedog fyddai hi fwyaf. Bob nos mi fyddai'n agor y drws cefn ac yn camu allan i edrych ar y tywydd ac anadlu'r awyr iach cyn mynd i'w gwely, hen arferiad o'i dyddiau yn rhedeg fferm ei hun mae'n siŵr.

Mi fyddai ei phlant eraill yn dod i Lys Eifion i edrych amdani, ac roeddwn yn falch o weld fy nghefndryd a chyfnitherod bob amser. Roedd chwarae Robin Hood yn y coed efo plant Yncl James ac Anti Rachael (Humphreys) yn hwyl arbennig, nes i fy nghyfnither Mair fy rhwymo wrth goeden!

Mi fyddai Nain yn mynd â fi ac Eirlys ar wyliau pan oedden ni'n blant i aros efo perthnasau. Roedd rhywun yn perthyn iddi yn byw ym Marsh Road, Rhuddlan. Weithiau byddem yn mynd i Tre Beddau, Pentrefoelas i aros efo Yncl Robert (ei fab), dro arall i Llwyn Gwalch, Groeslon, Caernarfon. Dwi'n cofio Harri ac Arthur yno, a Nel eu chwaer (Llwyndyrys wedyn). Ges i gywion Guinea Fowl o Lwyn Gwalch un tro i ddod adre efo fi, ond fe wnaethom dorri'r siwrne yn Tre Beddau ac mae'n siŵr 'mod i wedi esgeuluso'r cywion oherwydd roedden nhw wedi marw erbyn cyrraedd Llys Eifion. Roedd Nhad yn ddigon balch pan glywodd o, am fod Guinea Fowl yn adar swnllyd dros ben, er yn rhai da o'r herwydd am gadw'r llwynog draw o'r cwt ieir.

Un tro pan yn Groeslon, mynnodd Nain ein bod yn mynd i gael tynnu llun, a rhaid oedd mynd i siop ar y Maes yng Nghaernarfon. Roedd y stiwdio ar y trydydd llawr, ac fe gawsom andros o job i gael Nain i fyny'r grisiau! Ond mae'r llun gen i hyd heddiw.

Pan fyddai gweddill y teulu'n mynd i'r capel ar nos Sul, mi fyddwn i'n aros adre efo Nain, a byddai'r ddau ohonom yn canu emynau efo'n gilydd. Bu farw pan oeddwn i tua 17 oed. Fe gafodd ei chladdu yng Nghwm Pennant efo fy nhaid. Fy nhad drefnodd yr angladd, ond fedrwn i ddim mynd am fy mod yn sâl ar y pryd.

Central School

Wnes i ddim pasio'r *eleven plus* felly es i'r Central School yn y dref pan oeddwn i'n un ar ddeg oed, sef y *secondary modern* yn yr Wyddgrug. Roeddem yn mynd yno ar fws Crosville. Adeg y rhyfel roedd yna *monkey buses* efo seti o amgylch yr ochrau a pholion i sefyll yn y canol ac ar un o'r rheini fydden ni a phlant Nannerch yn teithio efo'n gilydd. Roedd y petrol yn mynd trwy *Autovac* ar yr ochr a byddem ni hogiau'n troi'r tap i ffwrdd weithiau ac yna fyddai'r bws ddim yn cychwyn. Ond roedd Andy, y gyrrwr, yn deall ein triciau ni ac yn troi'r tap ymlaen eto!

Mr Ceiriog Williams oedd y prifathro, dyn gwyllt fel matsien fyddai'n gweiddi dros y lle. Roedd ei ddirprwy, Mr Garston, yn ddyn tawel ond roedd ei bresenoldeb o'n ddigon ynddo'i hun i gadw trefn.

Doedden ni ddim yn gwisgo gwisg ysgol swyddogol, ond mi fydden ni'n gwisgo siwt neu siaced, a chrys a thei yn barchus.

Roedd yn gas gen i'r gwersi *P.E.* Roedd yna un neu ddau ohonon ni oedd ddim yn rhy ystwyth yn eistedd wrth ddrws y gampfa, a Mr Aubrey yr athro'n dod i mewn ac yn dweud wrthon ni, "Cerwch i wneud yr ardd!" Mi fues i a Dic Tyddyn Ucha yn gwneud cryn dipyn o arddio rownd yr ysgol! Cymro oedd Mr Aubrey, ac roedd o'n gwybod doeddwn i ddim eisiau bod yno. Ond petai *inspector* yn dod, byddai pethau'n wahanol ac roedd yn rhaid i ni gymryd rhan yn y wers.

O dro i dro, fe ddeuai'r Bangor Trio i chwarae cerddoriaeth glasurol yn yr ysgol, a hynny'n syrffed o'r mwyaf i hogyn fel fi. Roedd y llwyfan yn y neuadd efo'i gefn at y coridor, ac roedd yna ddrws yn yr ochr i fynd o dan y llwyfan. Mi fydden ni'n gwthio i mewn i'r fan honno i guddio weithiau. Mae'n siŵr ein bod yn clywed y Bangor Trio uwch ein pennau, ond roedd cuddio'n fwy o hwyl nag eistedd yn y gynulleidfa rywsut!

Dro arall mi fydden ni'n dianc i'r dref. Roedd yna siop y tu ôl i'r hen farchnad, rhwng neuadd y dref a lle mae tafarn y Pentan rŵan, yn gwerthu fferins a baco, ac roedd yna risiau pren i fyny i daflod oedd efo ffrynt agored efo *railings* ar hyd y blaen. Roedd yna fwrdd yno i bobl gael paned. Mi fydden ni'n wardio yn y fan honno nes oedd hi'n amser y bws, yna'n rhedeg i fyny at *Bailey Hill* i ddal y bws adref.

Fedrwn i ddim gadael yr ysgol yn ddigon buan, a gadewais yn bymtheg oed.

III

Gwaith

Dechrau gweithio

Roeddwn wedi gosod fy mryd ar fod yn fugail, felly fe gymerodd fy nhad fi i edrych ar ffarm yn Llanymawddwy lle'r oedd gwaith ar gael. Roedd gennym gysylltiad trwy fy nghyfnither Mair Humphreys. Ar ôl gyrru dros Fwlch y Groes o Lanuwchllyn i lawr y ffordd serth a throellog at y ffarm, aethom gyda'r ffermwr i edrych o'n cwmpas a syllu dros ei erwau oedd yn ymestyn tua'r gorwel. Am le anghysbell! Ar ôl mynd adref i feddwl am y peth, penderfynais nad oeddwn yn dymuno mynd i fyw yng nghanol nunlle, ac fe es yn brentis i fy nhad wedi'r cwbl. Mae'n debyg pe bawn wedi cael cynnig gwaith fel bugail o amgylch Cilcain y byddwn wedi derbyn, felly roedd fy nhad yn graff iawn ac yn gwybod beth roedd o'n ei wneud!

Felly yn 1949 dyma gychwyn prentisiaeth, os dyna'r gair, oherwydd trwy fod o amgylch gweithdy fy nhad roeddwn wedi pigo lot o wybodaeth i fyny yn ddiarwybod yn barod. Ni allwn ddweud fy mod wedi dilyn prentisiaeth go iawn. Cychwyn trwy 'dendio' (helpu) oeddwn i; estyn a dal pethau, gwaith caib a rhaw a llafurio.

Cerbyd

Roedd gan Dad hen gar Austin 12/4 Heavy, ac roedd o wedi torri'r darn ôl a gosod platfform yno i wneud lorri *flat deck* heb ochrau, a bordio cefn y cab. Roedd o'n ffermio Llys Eifion a'r Bwlch ar y pryd, rhyw 18 acer i gyd, ac roedd yr hen lorri yma'n reit handi i gario pethau yn ôl ac ymlaen. Pan brynodd Dad dractor David Brown, fe werthodd y lorri i Evan Owen Morris, Tŷ Mawr, oedd yn berthynas iddo.

Dwi'n eu cofio nhw'n cario gwair arni i fyny allt y Pentre rhyw dro, a throi i fyny'r llan yn rhy gyflym ac fe aeth y llwyth drosodd am mai sbrings car oedd o dan y dec. Roedd Yncl Arthur Tŷ Mawr wedi bod yn eistedd ar ben y llwyth, a dyna le'r oedd o ar lawr yng nghanol y gwair ar groesfan y llan! Roedd o bob amser ar frys. Pan fyddai'n tasu gwair, roedd y das yn aml yn gam, a'r diwrnod wedyn byddai hanner y das drosodd yng nghae Plas yn Llan. Dyn main, gwydn oedd o.

Ymhen dipyn, fe werthodd Dad y tractor hefyd i Evan Owen. Dwi'n cofio bod yr hen lorri wedyn mewn hofel yn Nhŷ Mawr, a baw ieir drosti i gyd. Roedd hi'n ddrwg arnom am dransport erbyn i mi ddechrau gweithio, felly pan oeddwn tuag un ar bymtheg oed, es i Dŷ Mawr i wneud *deal*. Ar ôl dadlau am sbel, dyma gael yr hen lorri adre, a thynnu'r *body* i ffwrdd, a'i llnau. Dyma gymryd yr injan i Gaer i gael ail-borio'r silindr, rhoi *sleeve* yn y *bore*, a chael *pistons* newydd. Y tro yma, dyma adeiladu bodi efo ochrau arni, *drop side*, a phaentio'r siasi'n ddu a'r ochrau'n wyrdd, a'r bonet a'r cab hefyd efo *wings* du. Roedd hi'n mynd yn dda.

Y lorri yma oedd fy ngherbyd cyntaf.

Adeiladu

Newidiodd natur busnes fy nhad yn ystod yr 1930au, ac fe barhaodd i newid dros yr ugain mlynedd nesaf. Roedd oes y ceffyl yn dod i ben a dim galw am droliau a gwneud olwynion pren felly wnes i ddim dysgu'r grefft honno. Cyflymwyd pethau yn ystod yr Ail Ryfel Byd pan brynodd ffermwyr dractorau. Mi fydden ni'n addasu troliau ceffyl trwy dynnu'r echeli a'r olwynion pren i ffwrdd a gosod echel hen lorri yn eu lle, a thynnu hen siafftiau ceffyl a gosod pawl fel bod modd llusgo trol efo tractor. Dyma pryd ehangodd natur gwaith saer gan droi at adeiladu. Doedd yna ddim prinder crefftwyr yn Licswm, yn seiri maen, bricwyr a phlastrwyr at godi tai, ac fe gymerodd fy nhad fantais o hynny.

Pan wnes i adael yr ysgol, un o fy ngorchwylion cyntaf oedd mynd i nôl y dynion o ardal Licswm. Roedd Nhad yn dioddef o niwmonia, felly fe ddechreuais i ddreifio'r fan heb drwydded, chwe mis cyn bod yn ddigon hen a bod yn onest. Roeddwn yn mynd tua Licswm bob dydd, yn aml ar y munud olaf ac yn gyrru fel cath i gythraul mae gen i ofn. Roedd gan Ralph Burns, Siambr Wen, dir wrth Star Crossing a byddai'n cerdded y gwartheg yno i bori ar ôl gorffen godro. Roedd o'n gwylio allan amdana i'n dod ac yn dweud y drefn yn aml. Wedi cyrraedd yr oed angenrheidiol fe sefais y prawf gyrru o fewn tair wythnos a'i basio.

Yn ei anterth, roedd Nhad yn cyflogi 17 o weithwyr ac roedd yn rhaid sicrhau bod digon o waith iddyn nhw a threfnu bod digon o ddefnyddiau ar gael i'w cadw'n brysur a bod y gwaith adeiladu yn cario ymlaen yn ddidoriad. Roedd pwysau garw arno rhwng gweithio a gwneud y gwaith papur a threfnu, a hynny hefyd wrth i gryd cymalau gael gafael arno.

Roedd yna ddigon o waith lleol o gwmpas Cilcain, o fewn cylch reit gyfyngedig, a doedd dim rhaid teithio ymhell iawn. Wedi'r rhyfel, fe wnaethon ni godi tai cyngor a thŷ plismon Llanferres a thŷ gweinidog Licswm, a byngalo yn Licswm i John Watkin, oedd yn ddarlithydd yng Ngholeg Celstryn.

Dynion

Roedd dau Wil yn gweithio i Nhad cyn i mi ymuno â nhw, sef Wil Williams a Wil Warbi (Warburton). Roedd Wil Williams yn 'Licswm B&B' chwedl yntau (*born and bred*). Roedd o'n grefftwr galluog, ac atal dweud arno. Fo deiliodd lawer o waliau'r Central School yn y dref oedd â theils sgleiniog ar hyd y coridorau. Fo oedd yr unig un erioed a glywais yn dweud ei fod yn mynd i'r ardd am tsiaen (hyd o amser) ar ôl gorffen ei waith. Labrwr oedd Wil Warbi, un da oedd o hefyd, dyn bach taclus. Mi fyddai'r ddau yn dod ar eu beics, Wil Warbi ar glamp o feic, un mwy na beic Wil Williams. Ond wnae o byth fynd o flaen Wil Williams, am mai tendiwr oedd o, ac roedd o'n dangos parch i'r crefftwr bob amser. Byddai Wil Warbi yn cymysgu mortar, ac roedd o'n arbenigwr ar wneud, gan wybod yn union beth oedd ei angen, er enghraifft ar gyfer barjio y tu mewn i ffliw simdde.

Dwi'n cofio Idris Pwll Melyn, Rhes-y-cae oedd yn *bricklayer*, ac Albert y Waun, Rhes-y-cae hefyd, a Tommy Williams, oedd yn labrwr o Licswm. Bu ei fab Harold yn dreifio lorri i Nhad ac yn labro. Roedd o'n byw yn Tŷ Capel Licswm ar ôl priodi.

Roedd yr hen Davies Ffynnon y Cyff, Licswm yn cyflogi llawer o ddynion yr ardal ar y pryd. Trwyddo fo roedd y rhan fwyaf ohonyn nhw wedi prentisio i ddysgu eu crefft. Roedd o'n dweud amdanyn nhw, eu bod nhw'n "smocio sigaréts a bwyta jam ac yn gryf fel chwain!" Fo oedd biau'r Crown a'r Celyn yng Nghilcain. Roedd o'n adeiladwr hefyd, ac yn ymgymerwr angladdau fel ninnau, ond doedd yna ddim cystadleuaeth rhyngom ni. Fydden nhw'n mynd cyn belled â Nannerch, ac weithiau mi fydden ni'n cyffwrdd ardal Nannerch hefyd, ond fuo yna'r un gair croes rhyngom ni erioed.

Cymeriad arbennig fu'n gweithio i ni lawer tro ar hyd y blynyddoedd oedd Sid Brown. Fe gafodd ei fagu yn y wyrcws yn Nhreffynnon a dod i weithio ar ffermydd yn ardal Cilcain pan oedd o'n llanc ifanc. Dyn bychan o ran corffolaeth oedd o, a chroen ei wyneb fel lledr yr un lliw â'i enw! Roedd ganddo lais canu da, a phan fyddai o'n nôl y gwartheg i mewn i'w godro ym Mhlas yn Llan, mi fyddai'n iodlo dros y lle ac yn deffro pobl y llan! Mi fyddai'n gwisgo het *trilby* ar ochr ei ben. Welais i erioed weithiwr tebyg iddo fo. Roedd o'n gryf ac yn wydn ac roedd ei ddyfalbarhad efo unrhyw job yn rhyfeddol. Dwi'n cofio fo'n torri twll ar gyfer septic tanc yn Tyn Llan Nannerch. Mi wnes i ei ddisgyn o yno ben bore ar y ffordd i nôl y dynion eraill o Licswm, a'i nôl o ddiwedd y pnawn ar ôl mynd â nhw adref, ac roedd o wedi gorffen, y cyfan efo caib a rhaw. Roedd o'n aruthrol o weithiwr. Wnae o fynd ati gymin' fyth, ac am ei fod o'n fychan a finnau'n glamp o hogyn, roeddwn i'n bwrw ati i gadw i fyny efo fo weithiau ac fe wnaeth hynny bron â fy lladd i fwy nag unwaith!

Un o hoff ddywediadau Sid oedd, "We must be half way now Arth!" Roedd hynny'n beth mawr ganddo, a theimlo ei fod yn gweld diwedd y job. Daeth i weithio i mi eto ddiwedd y saithdegau, a dwi'n cofio ni'n tynnu'r gwyngalch i ffwrdd o waliau'r Pistyll. Fe wnaeth Sid bigo'r mortar calch allan o rhwng cerrig y tŷ cyfan efo llaw gan ddefnyddio *picking hammer* yn barod ar gyfer ail-bwyntio, gwaith caled a diflas, a Sid yn dal ati heb gwyno gair. Mi fyddai'r rhan fwyaf ohonom wedi hen 'laru ar y job!

Mi fyddem yn cario snapyn efo ni at amser cinio, sef brechdan mewn tun, ac roedd yna hen gomio a thynnu coes dros y blynyddoedd.

Defnyddiau

Roedd y defnyddiau adeiladu i gyd yn lleol yn y dyddiau cyn i drafnidiaeth newid pethau. Yn ardal Cilcain, roedd yna gyfoeth o ddeunydd crai ardderchog yn agos iawn atom ni. Dwi wedi sôn yn barod am goed a chalch.

Roedd *Ruby bricks* Rhydymwyn o safon uchel ers talwm, ond fe gaewyd y gwaith yn ystod y rhyfel, a doedd y brics ddim cystal wedyn. Roedd brics Bwcle yn andros o rai da, a dewis o weithfeydd ar gael yno. Roedden nhw'n dweud bod yna 23 gwaith brics ym Mwcle, ond fedra i ddim dweud a oedd hynny ar yr un adeg. Mi fydden ni'n prynu *drainpipes* yno hefyd, rhai *glazed*, wedi'u gwneud gan gwmni Stanley. Roedd potiau llaeth, jygiau, mygiau, a phowlenni Bwcle yn enwog. Dwi'n cofio'r cafnau moch, rhai trwm yn fflat ar lawr fel nad oedd y mochyn yn gallu gwthio'i drwyn o danyn nhw, syniad da iawn. Dwi'n cofio mynd efo Nhad i waith Stanley pan oeddwn i'n ifanc. Mr Hannerby oedd yno, ac fe aeth â fi i weld y gwahanol brosesau, y *moulding shop*, a'r odyn roedden nhw'n ei danio i grasu'r clai. Roedd yna dair iaith ym Mwcle ers talwm, sef Cymraeg, Saesneg, ac iaith Bwcle. Roedd gweithwyr wedi dod yne o'r Midlands, o'r Potteries, o Gernyw – a'r gymysgedd o acenion a thafodieithoedd wedi creu eu hiaith eu hunain. Pobl glên oedden nhw hefyd, yn defnyddio *thee* a *thou* ("tha knews old un").

Yn ôl Thomas Rushforth, roedd un o adeiladau Plas Newydd wedi'i wneud o frics gafodd eu gwneud yno.

Dywedodd bod y clai wedi cael ei durio o'r cae. Wn i ddim, ond mi roedd yna hen batsh gwlyb i lawr caeau Plas Newydd ac mae'n bosib bod yna glai yno. Hen frics sâl oedden nhw beth bynnag, heb gael eu crasu digon. Os wnaech chi dorri un, mi welech chi garreg ynddi.

Roedden ni'n cario teils llorio o Dennis, Rhiwabon, rhai lliw coch a Heather Brown.

Roedd tywod ar gael yn lleol o Garreg Boeth, Pen y Cefn, Cilcain. Roedd o'n dywod da, heb ei ridyllio, ond *as dug*. Mi fydden ni'n mynd yno efo rhaw i nôl llwyth yn syth o'r ddaear, a'i gymryd adref i'w ridyllio i gael gwared â'r cerrig cyn ei ddefnyddio. Mi fydden ni'n cael tywod wedyn o Gresffordd oedd wedi'i sgrinio'n barod. Ond roedd yna sbeciau o lo ynddo fo. Fedrech chi ddim plastro wal tu allan efo fo oherwydd mi fyddai'r duwch yn gwaedu. Roedd o'n iawn tu mewn.

Roedd grafel yn dod o'r chwarel yn Rhosesmor i wneud concrit, a cherrig calch ar gyfer adeiladu o Res-y-cae a Helygain.

Y gwaith plwm agosaf atom ni oedd yr Olwyn Goch yn Rhydymwyn. Dwi'n cofio hwnnw'n gweithio. Bu Sid Brown yn gweithio yno. Roedd yna *winding gear* yno fel pwll glo. Mi fyddai'r plwm yn cael ei gymryd i ffwrdd i'w smeltio. Fe gafodd Olwyn Goch ei brynu gan Courthalds yn y diwedd, am fod y dŵr dan ddaear yno yn dod allan ym Maesglas. Mi fuo fy nhaid yn gweithio yno am sbel. Dyn rheilffordd oedd o cyn dod i Gilcain, ac fe aeth yno i osod traciau, ond am ei fod yn asthmatig, roedd ei frest o'n ddrwg o dan ddaear a doedd y gwaith ddim yn gweddu iddo fo. Roedd gwaith plwm Pen y Bryn, Rhosesmor yn gysylltiol ag Olwyn Goch o dan ddaear.

Roedd cerrig o'r tir yn rhai crynion, di-siâp – pennau defaid fydden ni'n eu galw nhw. Yn y chwareli ar fynydd

Helygain, roedd yna fediau neu haenau o graig. Mi fydden nhw'n drilio twll ac yn rhoi *feathers* i mewn, a chŷn, rhesied o'r rheini lle'r oedden nhw eisiau hollti, ac yna'n gyrru'r cŷn efo gordd ar hyd y rhes. Roedd yna gerrig mawr i'w cael yno, er enghraifft ar gyfer lintel, neu byst giât. Yn amser fy nhad, mi fyddai trafeiliwr yn dod i werthu pyst giât, ac yn galw yn yr efail i fwyta ei frechdan am fod yno le cynnes yn y gaeaf. Ei bwnc bob tro oedd *education*. Roedd o'n credu'n gryf mai dyna'r ffordd ymlaen yn y byd. "*Education* ddiawl!" meddai hen John Huws y gof. Roedd o o'r farn bod yna ddigon o ddrygioni yn y byd heb roi mwy o wybodaeth i bobl!

Y chwarel lechi agosaf oedd yr Oernant, Llangollen, ond doedden nhw ddim yn llechi toi da iawn. Dwi'n eu cofio nhw ar doeau ond wnes i erioed eu defnyddio. Llechi Ffestiniog a Bethesda oedd y rhai gorau, ac fe gariais i filoedd o lechi o fanno. Dyna'r lle pellaf fydden ni'n mynd i nôl defnyddiau. Fydden ni ddim yn mynd i'r chwarel ei hun, ond i Gei Pant yr Afon ger Llechwedd. Wrth adnewyddu hen do, mi fydden ni hefyd yn tynnu llechi oedd wedi bod yno am gan mlynedd, ac yn eu hail-ddefnyddio eto fel newydd.

Gwaith

Roedd fy nhad wedi cymryd y gwaith o godi tai cyngor Llanferres a fy ngwaith cyntaf oedd 'plygio' *skirting boards* sef torri tyllau yn y morter rhwng y brics efo cŷn plygio i yrru darn o bren (padiau) iddyn nhw er mwyn hoelio'r sgertin atyn nhw. Tasg amhleserus ar fy ngliniau ar lawr concrit caled ac oer.

Gwaith caib, rhaw a berfa oedd pob dim bryd hynny, dyna'r unig ffordd o dorri sylfeini, dreiniau a thanc septig. Roedd cymysgu concrit a morter hefyd yn waith rhaw.

Wrth giât Tŷ Capel. O'r chwith: Mary Jones, fy nain; John Walter Davies, y saer; Robert Jones, fy nhaid, yn dal Robert Evan Jones (Yncl Bob); fy nhad, Johnnie Jones, yn eistedd ar y wal

Fy nhad yn Ysgol Cilcain (y trydydd bachgen o'r dde yn y rhes gefn)

Johnnie Jones, fy nhad

Fy mam, Kate

O flaen Llys Eifion ar ddiwrnod priodas fy rhieni. O'r chwith, rhes gefn: Anti Bessie (chwaer fy nhad); Yncl Bob (brawd fy nhad); Arthur Morris Tŷ Mawr; Anti Annie (chwaer Mam); Yncl Llywelyn, Tŷ Newydd Pentrecelyn (brawd Mam). Rhes ganol: Yncl John Bistre (brawd Mam); Sarah Tŷ Mawr; Peggy (gwraig gyntaf Yncl Bob); Anti Rachael (Humphreys, chwaer Mam); Johnnie Jones, fy nhad; Yncl James (Humphreys); Anti Kit Tŷ Newydd; Yncl John (Tŷ Isa, Pentrecelyn); Robert Morris Plas Teg (gŵr Anti Jinnie). Yn eistedd: Anti Bet Tŷ Isa (chwaer Mam); y Parch. Evan Davies; Kate Roberts (Nain); Kate Roberts (Mam); Barbara Meillionydd (ffrind Mam o Ben Llŷn); Tommy Wynne; Anti Jinnie (chwaer fy nhad). Plant yn eistedd ar lawr: Davy Tŷ Isa; Glenna Tŷ Newydd; Enid; Evan Owen Morris Tŷ Mawr

Llys Eifion (ar y chwith) efo wal o'i flaen felly fe dynnwyd y llun ar ôl i deulu Mam ymgartrefu yno yn y 1920au

Anti Annie, Nain a Mam wrth ddrws Llys Eifion

Buarth y saer: fy nhaid Robert Jones ar y chwith, a John Dafis ar y dde

Fy nhad yw'r trydydd bachgen ar y chwith o flaen yr efail

Yr efail efo Moel Famau yn y cefndir

Car fy nhad ar stryd fawr yr Wyddgrug (left hand drive, rhif ar y plât DM2134)

Fy nhad yn y cefndir yn pwyso ar y car wrth gymryd ymwelwyr am dro o amgylch gogledd Cymru

Y Parch. Evan Davies

Y Parch. Evan Davies efo'i chwaer, fy nain Mary Jones

Trech gwlad nag Arglwydd, Cwmni Drama Min Alun, 10 Mawrth 1914. Fy nhad yw'r ail o'r dde yn y rhes gefn, ei chwaer Jinnie yn y ffrog wen yn eistedd o'i flaen, a'i frawd Bob yw'r hogyn sy'n eistedd ar y llawr yn y blaen ar y chwith

Gorymdaith i ddathlu coroni George VI, 12 Mai 1937

Eirlys Mair ac Arthur Gwynn yn 1938

Hal a fi

Efo Eirlys a Nain Llys Eifion yn
stiwdio'r ffotograffydd, Caernarfon

Mam

Y garafán

Llys Eifion
(dyfrlliw: Elaine Jeffreys)

Cymar oes

O'r chwith: Eirlys,
J. C. Jones (fy nhad),
Ron, Fi, Margaret,
Gwen, Winnie Hughes,
Bob Hughes (rhieni
Margaret)

Bwlch, bwthyn Anti
Jinnie, a ddaeth yn
gartref i ni yn Hydref
1960

(dyfrlliw: Elaine Jeffreys)

Glasgoed
(dyfrlliw: Elaine Jeffreys)

Teulu Glasgoed

O'r chwith: Mair, Olwen, Gwyneth efo'u taid, J. C. Jones, o flaen Glasgoed

Aelodau Ysgol Sul Cilcain yn 1971

Enghraifft o fy ngwaith haearn

Yr adeiladwr

Giatiau eglwys Cilcain, hanner canrif yn ddiweddarach

Y gweithdy

Roedd ciosg y llan wrth ein giât ni

Y gweithdy ef
to crymedig
a adeiladodd
fy nhad ar
ddiwedd y
rhyfel. Fe
godwyd
Glasgoed y tu
ôl i'r gweithdy
Dyma'r
gweithdy
crefftwr olaf
yng Nghilcain

Patrymlun ar
gyfer bricio
bedd

Trwy ddrws y
gweithdy

Y tŷ talcen deulawr a godais rhwng y
byngalos a'r capel

Fron Oleu, Llanbedrog

Fron Oleu
(dyfrlliw: Elaine Jeffreys)

Dyddiau defaid Llŷn

Yr ymgymerwr

Pencampwr y ffyn

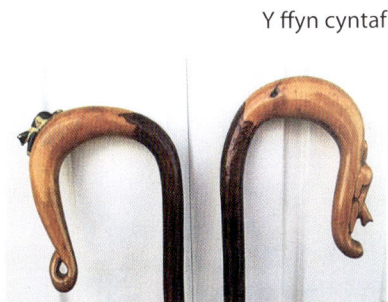

Y ffyn cyntaf

Cwt Casglwr

Margaret a finnau'n dathlu ein priodas aur, efo'r *governess cart* tu ôl i ni

Brynglas, Hendrerwydd

Yn fy ngweithdy ym Mrynglas

Y teulu yn 2023

O'r chwith, rhes gefn: Greta, David, Alun, John, Tom, Huw, Mari, Callum, Vicky

Rhes flaen: Alice, Olwen, Mair, Celyn, Arthur Gwynn, Margaret, Gwyneth, Madlen, Richie, Siôn, Eiri

Roedd yn syndod fel roedd rhawiau'n gwisgo a rhaid oedd cael rhai newydd yn lled aml. Byddai'r tyweirch yn cael eu torri a'u codi'n domen yn gyntaf efo rhaw. Yna, byddai'r safle'n cael ei marcio ar gyfer torri sylfeini, y pridd da yn cael ei gadw'n domen. Y peth gorau a wnes i flynyddoedd yn ddiweddarach oedd prynu digar – JCB – a diflannodd dyddiau o geibio i ychydig oriau gyda'r peiriant.

Yn y dyddiau cynnar, berféi pren oedd gennym ar gyfer gwaith adeiladu, doedd rhai haearn ddim yn bodoli ac mi fyddem ni'n cario concrit, morter a brics mewn berfa bren. Fel llanciau ifanc roedden ni'n ymffrostio yn ein cryfder ac yn cystadlu weithiau i weld pwy allai gario'r mwyaf o frics mewn berfa neu i fyny'r ysgol mewn hod – peth peryglus i'w wneud wrth gario cymaint o bwysau ar ein hysgwydd i fyny ysgol bren.

Ers canrifoedd, roedd pethau wedi cael eu gwneud o ddefnyddiau traddodiadol megis haearn a phren, a phob ardal â'i mesurau a'i ffordd ei hun o roi pethau ynghyd oherwydd natur gwaith a daearyddiaeth yr ardal honno. Roedd crefftwr yn gallu adnabod patrymau a dweud o ba ardal gyfagos y daeth giât neu drol.

Roedd ffrâm berfa yn cael ei gwneud o onnen am ei bod yn wydn ac ystwyth a'r ochrau o lwyfen am ei fod yn treulio'n dda. Roedden nhw'n dweud os gallai dyn wneud berfa gallai wneud unrhyw beth, a hynny am ei bod yn onglau i gyd a hefyd yn cynnwys olwyn bren. Roedd gofyn am lunio berfa o bryd i'w gilydd, ac roedd yna ferféi at wahanol bwrpasau. Roedd onglau ochr berfa i ddyn y ffordd yn fwy agored, ond roedd onglau berfa i ffermwr neu arddwr yn sythach ac roedd yn ddyfnach oherwydd y byddai disgwyl iddi ddal tail neu bridd. Roedd rhai o'r plastai megis Penbedw, Nannerch, eisiau estyniad i'w roi ar ben y ferfa yn yr hydref adeg clirio dail.

Fe wnes i lunio amryw o ferféi pren, ond rhai gydag olwyn rwber oedden nhw am eu bod nhw'n llawer haws i'w powlio na rhai pren ac yn llai caled ar y breichiau. Cychwyn gyda'r heglau (breichiau) onnen 3 x 2 a'u morteisio i lunio ffrâm neu wely'r ferfa a siapio'r carnau, yna byddai'r coesau yn cael eu torri a'u gosod cyn gosod byrddau llwyfen ¾ modfedd i lunio ochrau. Byddem yn gosod rwber ar gyfer teth buwch o beiriant godro ar y carnau er mwyn eu gwneud yn fwy cyfforddus i'r llaw.

Mi fydden ni'n torri a gwerthu gwydr hefyd, gyda bwrdd pwrpasol wedi'i orchuddio efo ffelt i'r pwrpas. Roedd George Wynne o Wernymynydd yn brentis yr un pryd â mi a dim ond y ddau ohonom oedd yn y gweithdy pan alwodd sipsi heibio rhyw dro gan ofyn am baen newydd o wydr i ddrws ei garafán. Roedd torri gwydr sgwâr yn hawdd, ond roedd bwa i fod i'r paen arbennig yma a ninnau'n ddibrofiad a ddim yn gwbl sicr pa mor llwyddiannus fydden ni. Cawsom lwc digon derbyniol fel mae'n digwydd tra oedd y sipsi'n sôn am ei garafán 'minogony'. Mahogani roedd o'n ei feddwl, a ninnau'n piffian chwerthin ac yn brwydro i gadw wyneb syth!

Roedd yn rhaid i mi fynd i nôl calch poeth o chwarel yr Hendre (calch wedi'i losgi mewn odyn) ar gyfer gwneud yr hyn a elwid yn *lime putty* at wneud concrit, morter, plaster a thaeriad. Doedd sment ddim yn cael ei ddefnyddio ar raddfa eang bryd hynny gyda digon o galch yn y cylch. Yn Llys Eifion roedd gennym bwll 'pydlo' i baratoi'r calch. Ond ych a fi, tasg galed, beryglus ac amhleserus: roedd o'n llosgi'r llygaid. Mi fydden ni'n taflu clapiau calch i ddŵr a byddai hwnnw'n adweithio gan gynhyrchu gwres wrth iddo droi'n bwdin i lunio past hufennog. Byddai'r calch yn cael ei bwnio a'i dynnu yn ôl a blaen efo gaff tail (fforch goes hir a'i phigau ar 90 gradd i dynnu tail o drol). Yna byddai'r calch yn cael ei 'redeg' i bwll gyda slabiau llechen wedi'u pwyntio mewn morter o amgylch ei ymylon, gyda'r dŵr yn diflannu trwy'r pwyntio.

Byddem yn llunio pant mewn tywod, taflu'r calch iddo a'i gladdu efo tywod ac fe welech y tywod yn mygu a chracio wrth i wres gael ei gynhyrchu. Yna, byddem yn ei daflu trwy *grating* ar ffrâm oedd ar ongl er mwyn cael unrhyw galch nad oedd wedi 'toddi' allan.

Roedd gwahanol gymysgedd ar gyfer gwahanol bwrpasau – tair rhawied o dywod i un o galch at wneud morter, dwy i un at wneud taeriad, tair i un at wneud concrit. Mi fydden ni'n tempro'r morter efo ychydig o sment. Roedd gennym sied sment, gan gael llwyth deg tunnell ar y tro o Dunstable a'i osod ar ddarnau o goed i'w gadw oddi ar y llawr rhag iddo fynd yn damp a chaledu. Roedd sachaid o sment yn pwyso cant bryd hynny a rhaid oedd ei gario ar ysgwydd i'r sied. Doedd hi ddim yn anarferol i lorri gyrraedd a'r bagiau fu yn y gwynt ar ochrau'r lorri yn oer, ond craidd y llwyth yn boeth.

Roedden ni'n toi yn y dull traddodiadol, hynny yw ddim efo ffelt a batons, ond *tiering* efo calch o dan y llechi. Taeriad fydden ni'n ddweud. Mae angen gwneud morter efo calch a rhoi blew ynddo fo. Mi fydden ni'n cael blew o'r *tan yard* yn Birkenhead, ar draws y ffordd i Camell Laird. Hen le drewllyd oedd o hefyd. Blew buwch oedd o, wedi'i grafu i ffwrdd o'r croen, ddim blew ceffyl. Roedd y blew wedi'i gacennu mewn calch, a'r dasg gyntaf oedd curo'r blew efo dwy latsen er mwyn cael gwared â'r calch ohono. Yna taenu'r blew ar y gymysgedd o galch a thywod a'i gymysgu efo'r gaff. Ar ôl toi, mi fydden ni'n defnyddio trywel i wneud y taeriad, mochyn o job.

Pan brynodd fy nhad gymysgwr concrit Bitford petrol yn y 1950au, roedd yn cael ei ystyried yn fendith, yn

83

rhywbeth anhygoel a rhyfeddol gan ysgafnhau a chyflymu gwaith. Drwg y peiriant petrol oedd y gallai gael pyliau o gau cychwyn gan wastraffu amser a rhaid oedd tynnu'r plwg a'i lanhau a'i sychu yn y gobaith y byddai'r peiriant yn tanio. Hefyd, doedd dim yn waeth na gang o ddynion yn sefyll yn gwneud dim, roedd o'n costio arian a dim byd yn cael ei gyflawni. Ymhen blynyddoedd fe brynais gymysgwr concrit Parker injan disel ail law o Gaernarfon gan osgoi'r strancs cau cychwyn. Ar un achlysur fe gymysgais 20 tunnell o goncrit mewn diwrnod!

Rhaid cyfaddef nad ydw i'n rhy hoff o baentio, ac yn tueddu i'w weld o fel gwaith merched! Wrth adeiladu tai byddem yn cyflogi peintwyr i wneud y gwaith. Fel gŵr fu'n saer troliau ac olwynion, gallai fy nhad dynnu llinellau syth ar bethau gyda brwsh blew hir. Fodd bynnag, roedd gwaith graenio yn boblogaidd ddechrau'r pumdegau. Hynny yw, defnyddid paent i ffugio graen pren mahogani, neu dderw tywyll neu olau, a gwneud i bren pin edrych fel pren mwy costus. Fe ddysgais y grefft gan fy nhad. Mi fyddwn yn mynd o amgylch ar ddydd Sadwrn i ennill dipyn o arian ychwanegol. Roedd yn orffeniad poblogaidd mewn capeli am gyfnod hir. Rhaid oedd taenu lliw golau, melyn golau neu wyn, yn gyntaf ac wedi i hwnnw sychu, côt o liw derw canolig neu dywyll neu fahogani, gan ddibynnu ar dast y cwsmer. Cyn i'r lliw sychu, rhaid oedd llusgo 'cribau' neu *rocker* trwyddo i greu'r argraff o raen. Côt o farnais wedi i hwnnw sychu. Roedd o'n orffeniad a geid ar ddrysau a fframiau ffenestri ac yn nwylo meistr gallai edrych yn hynod o effeithiol. Y dasg fwyaf amhleserus oedd graenio sgyrtin oherwydd bod rhywun ar ei liniau ar lawr caled. Graenio rhyw gwpwrdd yn y Gronfoel oeddwn i ar ddiwrnod coroni'r Frenhines Elizabeth II yn 1953. Fel rhan o baratoadau pobl ar gyfer y coroni, bu llawer o alw am baentio tai.

Pan gyrhaeddais 21 oed roeddwn i'n wynebu cyfnod o Wasanaeth Cenedlaethol yn y lluoedd arfog. Doeddwn i ddim yn or-hoff o'r syniad ac fel llawer arall yn awyddus i'w osgoi. Bu'n rhaid i mi ymddangos gerbron tribiwnlys yn Wrecsam a rhyw hen gyfreithiwr sarrug yn ei gadeirio a oedd yn awyddus i mi wneud fy rhan. Roedd y ddau aelod arall yn fwy trugarog. Byth ers hynny, dydw i erioed wedi licio Wrecsam llawer! Roedd gweithio ym myd amaeth yn cael ei ystyried yn *reserved occupation* a olygai nad oedd yn rhaid gwasanaethu yn y lluoedd arfog a fy nadl oedd bod fy angen i'r perwyl hwnnw gan ein bod yn amaethu rhyw gymaint ond hefyd fy mod yn gwneud lot o waith i ffermwyr ac felly'n cyfrannu i fyd amaethyddiaeth.

Ymddangosais deirgwaith gerbron y tribiwnlys i gyd a llwyddais i osgoi gwasanaethu bob tro. Yn hyn o beth cefais help amhrisiadwy gan William Jones, Rhewl ger Rhuthun. Fo oedd trefnydd Bwrdd Diwydiannau Gwledig y llywodraeth (y *Rural Industries Bureau*), rhaglen oedd yn darparu hyfforddiant am ddim mewn gwahanol grefftau, a minnau'n cael gwersi gan wahanol bobl o dan y cynllun. Rhag ofn bod angen i mi wneud Gwasanaeth Cenedlaethol, roedd yn rhaid hysbysebu fy swydd dros dro. Daethpwyd i drefniant distaw yn y gyfnewidfa waith, gan fod fy nhad yn nabod rhywun oedd yn gweithio yno, bod y job ar gael ond fe guddiwyd y manylion yn fwriadol. Fodd bynnag, fe ddaeth dyn i'r golwg oedd yn gallu gwneud y pethau roeddwn i'n eu gwneud. Dyma fy nhad wedyn yn ei holi ynglŷn â threfnu angladdau, rhywbeth na nodwyd yn yr hysbyseb, ond rhan annatod o waith saer coed yn y wlad. Fe wrthododd y dyn y swydd yn y fan a'r lle a dyna ddiwedd y sôn am Wasanaeth Cenedlaethol!

I ddweud y gwir, roedd fy angen i adref er mwyn cynnal

y busnes mewn cyfnod anodd iawn i ni fel teulu. Tua'r adeg yma, fe gafodd fy nhad ei dwyllo, ac roedd hynny'n ergyd fawr. Roedd o wedi bod yn rhy brysur i gadw golwg digon manwl ar y cownts ac erbyn deall bod rhywbeth o'i le ac arian yn ddyledus, roedd y twyllwr wedi ei heglu hi. Roedd iechyd fy nhad yn fregus iawn hefyd. Fedren ni ddim cyflogi cymaint o ddynion bellach, a bu'n rhaid i mi ysgwyddo llawer o'r cyfrifoldeb yn ifanc iawn. Roeddwn i fwy neu lai yn gweithio heb gyflog. Doedd dim amdani ond torchi llewys a gweithio'n galed i dalu dyledion a chadw'r blaidd rhag y drws, ac fe ddaethom drwyddi yn y diwedd.

Eifion Restaurant

Er mwyn helpu i gynnal y teulu, fe agorodd Mam gaffi yn y ddau barlwr yn ffrynt Llys Eifion ar ddechrau'r pumdegau. Roedd hi'n gogyddes dda, a phrif bryd y caffi oedd ham ac wyau. Roedd gennym ham cartref ac wyau ein hunain, ac roedd hi'n pobi bara ac yn gwneud menyn oedd yn plesio'r ymwelwyr ddeuai o ochrau Lerpwl.

Hefyd fe wnaethon ni ddechrau gwerthu hufen iâ. Fe wnaethom dwll yn wal yr hen feudy oedd wrth ochr y tŷ yn wynebu'r ardd fach o flaen y caffi, a chreu *hatch* yno. Roedd yna gloch ar y sil i bobl ei chanu i alw am sylw. Roedd gennym injan oel yno yn troi *compressor* i weithio rhewgell. Roedd gan gwmni Eidalaidd Fortes o Landudno siop yn Nhreffynnon. Seirot oedd enw'r dyn. Roeddwn yn mynd i Licswm i nôl y dynion i'w gwaith, felly byddwn yn mynd yn gynt er mwyn picied i Dreffynnon i brynu tybiau dau alwyn o hufen iâ. Roedden ni'n gwerthu sgwpiau crwn mewn côn neu'n torri briciau sgwâr ar gyfer waffer.

Y siop

Yn y cyfnod yna, roedd siop y pentref yn cael ei rhedeg gan William Davies and Co, Rhes-y-cae. Byddai'r siop wedi cau gyda'r nos, felly roedd cymdogion yn galw acw i brynu ychydig o siwgr neu flawd gan Mam oedd yn prynu cyflenwad swmpus ar gyfer y caffi. Yn raddol fe ddechreuodd stocio mwy o bethau am fod galw amdanynt. Y diwedd fu cau'r caffi, a throi hen feudy Llys Eifion yn siop. Pan ymddeolodd Huw Jones y postfeistr oedd yn byw yn Dolwar, fe benderfynodd fy rhieni gymryd trwydded y swyddfa bost hefyd. Roedd Nhad yn dioddef yn ddifrifol o gryd cymalau erbyn hynny, a'r syniad oedd bod eistedd i lawr y tu ôl i gownter yn well iddo na gwneud gwaith trwm y tu allan. Roeddwn i bellach yn ddigon 'tebol i wneud hynny.

Post

Mi fyddai'r post yn dod mewn bag ac roedd yn rhaid i ni ei sortio. Roedd yna ddau bostmon yn cario allan ar ddwy rownd, sef Willie Pierce ar un ac Idris Alun Blackwell ar y llall. Mae croesffordd y llan yng Nghilcain yn cyfateb yn ddigon agos i'r cwmpawd, gyda'r ffordd am Star Crossing i'r gogledd a ffordd y Pentre i'r de. Felly mae i fyny am yr eglwys i'r gorllewin a ffordd Pantymwyn i'r dwyrain. Roedd un rownd bost i'r de ar ochr y Pentre a Rhyd-y-fenni, a'r rownd arall i'r gogledd, ar ochr y Crown a'r Gors. Ar adeg y Nadolig pan oedd y post yn drwm, roedden ni'n rhannu'r llwyth yn dair rownd, a finnau'n gwneud hanner rownd Willie a hanner un Idris. Ar gefn beic roedd y ddau ohonyn nhw'n danfon y post, ond roeddwn i'n mynd yn y fan er hwylustod. Doedd yna ddim tâl ar gael am redeg y fan, ond roeddwn yn gallu gorffen yn gynt er mwyn cario ymlaen efo gweddill fy ngwaith.

Gwneud arian

Roedd hi'n gyffredin i ddal cwningod er mwyn cael bwyd am ddim neu i wneud ychydig o arian a doeddwn innau'n ddim eithriad. Mi fues i'n cadw ffured i ddal cwningod a deuai dyn o Birkenhead i werthu blawd a byddwn yn gwerthu ffrwyth fy llafur am ddau swllt neu hanner coron iddo a oedd yn arian gwerth ei gael bryd hynny pan oedd pob dimai'n cyfrif.

Roedd Mam yn prynu wyau i'r siop gan Iona Gelli. Mi fyddwn i'n mynd yno i'w nôl nhw gan alw ar y ffordd adre o Licswm ar ôl cario'r dynion. Roedd yna gae wrth ddod i lawr o'r Gelli a lot o ffesantod ar ei hyd fel ieir. Roedden nhw'n perthyn i stad Penbedw, Nannerch ('Penbed', chwedl ninnau). Wnes i freewheelio i lawr yr allt at yr hen ffatri gaws yn ddistaw bach, a phledu cerrig drwy'r ffenest at y ffesantod i drio fy lwc! Pwy ddaeth heibio ond Mr Halsal y cipar a fy nal wrthi. Dywedodd y byddai'n rhaid iddo fy riportio i'r stad am botsio, ac felly y bu. Roedd o ddim ond yn gwneud ei waith, chwarae teg iddo, a fedrwn i ddim dadlau efo fo. Roeddwn i'n gweithio yn y Garth yr adeg honno, oedd yn perthyn i'r stad, ac roedd angen drws a ffrâm i'w gosod y tu mewn yno, a'r ordors oedd mynd i'r plas i dynnu rhai oedd yn gweddu allan o'r fan honno am fod yr hen le'n mynd i gael ei ddymchwel. Pwy welais i yno ond Capten Archdale y perchennog. "I believe the gamekeeper caught you the other day?" medde fo ac edrych o'i gwmpas i weld mai dim ond ni'n dau oedd yno. "Well, don't let the bugger catch you again!" a fu dim mwy o ffŷs na hynny.

Mi fues i hefyd yn mynd o amgylch yn prynu sachau

blawd gwag gan ffermwyr y cylch gan grwydro cyn belled â Chaerwys. Mewn sachau hesian o wahanol wead a safon ac nid plastig y byddai bwydydd anifeiliaid a blawd yn dod y cyfnod hwnnw a byddwn yn llenwi llond fan, 1,500 ohonyn nhw, i fynd â nhw'n syth i Birkenhead i'w gwerthu gan gychwyn am bump y bore cyn dod adref i wneud diwrnod o waith. Un tro, cefais gast gan nad oedd pwysau gwaith yn caniatáu i mi fynd â'r llwyth yn syth a bu'n rhaid i mi ddadlwytho'r sachau ar lawr y gweithdy, a'u gadael yno am ddyddiau, ac fe ddaeth llygod a'u tyllu! Roedd yna ferched yn gweithio lle fyddwn i'n gwerthu'r sachau a allai eu clytio a phwytho. Fodd bynnag, roedd gen i dipyn llai o arian yn dod adref efo fi y tro hwnnw'n anffodus!

Cyfle arall i wneud arian poced ar fore Sadwrn oedd mynd i lanhau simneiau i bobl.

Profodd yr hen Austin yn ddefnyddiol. Mi fues i'n mynd o amgylch seli fferm ar y Sadwrn yn prynu sgrap cyn mynd â fo i'w werthu i Lannau Dyfrdwy. Hefyd os oedd pobl wedi prynu dodrefnyn yn y sêl mi fydden nhw eisiau i mi ei ddanfon adref gan roi cyfle i mi wneud swllt neu ddau am y gymwynas.

Ges i gynnig llwyth o sgrap am ei glirio o gaeau Bron y Nant, Dwygyfylchi lle'r oedd perthnasau i ni'n byw. Roedd Anti Lala – Harriet – chwaer fy nhad a'i gŵr Bob, oedd yn of yn chwarel Penmaenmawr, yn rhieni i ddwy ferch, sef Enid a Dilys. Bu farw Anti Lala yn 30 oed ar enedigaeth Dilys ac fe gafodd Enid ei magu yn Tŷ Capel, Cilcain gan Nain. Pan briododd Enid, fe aeth hi hefyd i fyw ym Mron y Nant. Beth bynnag, i ffwrdd â fi yno efo llwyth o dail iddyn nhw ar y lorri, ac yn Abergele mi gefais byncjar. Dyma newid yr olwyn cyn cyrraedd pen y daith ar ochr y Sychnant Pass. Wrth ddadlwytho, clywn sŵn hisian – pyncjar arall! Yn ffodus cefais drwsio'r ddau deiar mewn garej. Yna adref wedyn efo llwyth o sgrap i'w werthu! Welsoch chi neb debycach i sipsi yn croesi'r bont yng Nghonwy!

Y capel

Roedd mynd i'r capel deirgwaith ar y Sul yn rhan ganolog o'n bywydau. Roedd yna dipyn o fynd ar yr achos yn y cyfnod a phobl yn cerdded o bell. Roedd Gwenda, Eluned a Buddug yn cerdded yr holl ffordd o Bryn Ffynnon i'r Ysgol Sul er enghraifft. Yn ystod yr wythnos, cynhaliwyd Cyfarfod Gweddi ar nos Iau unwaith y mis, a Seiat ar y tair nos Iau arall. Byddai pawb yn eistedd o amgylch y tân yn yr ysgoldy.

Cyn fy amser i, roedd yna stôf yng nghanol y capel, ond gwres canolog dwi'n ei gofio. Roedd yna foeler yn y seler y byddai'r gofalwr yn ei danio. Yn nyddiau fy nain a 'nhaid, roedden nhw'n goleuo'r capel efo lampau olew, a'u gwaith nhw fel gofalwyr yn byw yn Tŷ Capel oedd llenwi'r lampau a thrimio'r wiciau. O gofio bod yna gyfarfod yno bron bob noson o'r wythnos ar ddechrau'r ganrif, roedd hyn yn dasg ddyddiol. Hefyd, roedd y rhan fwyaf o bobl yn cerdded i'r capel, rhai o bell mewn esgidiau hoelion, felly roedd yna waith glanhau lloriau hefyd.

Fy nhad oedd mab Tŷ Capel wrth gwrs. Ymhen amser, cafodd afael ar injan Petter's Model M i'w gosod yn y sied i redeg *generator* i wefru batris er mwyn rhoi golau trydan yn y capel. Daeth yr injan o fferm Dolfechlas, Rhydymwyn. Roedd y cyflenwad trydan wedi cyrraedd Rhydymwyn dipyn o'n blaenau ni. Roedd yr injan yn rhedeg ar betrol a pharaffin. Doedd fiw ei thanio ar y Sul, felly mi fydden nhw'n gwefru'r batris ar ddydd Sadwrn. Roedd y batris yn debyg i jariau gwydr, dwy silff yn llawn ohonyn nhw mewn rhesi ar hyd wal y cwt. Roedden nhw'n ddigon i bara nos Sul. Fy nhad wnaeth y gwaith o weirio'r capel yn y dyddiau pan nad oedd na safonau na phrofion trydanol.

Daeth yn amlwg bod yr hen *generator* a'r batris yma'n dod i ddiwedd eu hoes ac oherwydd bod yna sôn bod y grid cenedlaethol ar ddod i Gilcain dyma benderfynu nad oedd yn werth eu hatgyweirio na buddsoddi mewn offer newydd. Felly, fe wnaethon ni fynd ati i godi gwifren drydan o'n gweithdy ni, dros y ffordd i'r capel, a hynny heb ganiatâd unrhyw awdurdod sirol na neb arall. Fyddai hynny ddim yn cael ei ganiatáu heddiw! Doedd yna ddim math o reolau a chyfyngiadau bryd hynny.

Injan Ruston Hornsby oedd yn troi ein *generator* ni, ond y broblem efo hwnnw oedd bod *governor* yr injan oel, oedd yn rheoli'r cyflymder a'i chadw'n gyson, yn dueddol o sticio gan olygu nad oedd yna reolaeth ar gyflymder y pwli, a'r canlyniad oedd bod y golau yn y capel yn mynd yn gryfach a chryfach! Roedd yn rhaid i mi sleifio o'r capel ar hast at y Ruston Hornsby rhag ofn i rywbeth ffrwydro neu falu'n deilchion. Byddwn yn rhedeg i daro'r *governor* i'w gael i ddisgyn i'w le, a phan fyddai golau'r capel i'w weld o'r cryfder a'r lliw cywir, byddwn yn gwybod bod pethau'n gweithio'n iawn a gallwn ddychwelyd i fy sedd yn y capel. Doedd gen i ddim llai nag ofn wrth wneud y job ac yn sefyll y tu ôl i bostyn yn y gweithdy ac yn taro'r *governor* efo darn o bren rhag ofn i'r peiriant chwythu fyny!

Trydan

Daeth trydan i Gilcain yn 1955. Dwi'n cofio arddangosfa gan Manweb mewn *marquee* ar gae'r Waen yn dangos yr holl bethau fedrech chi eu cael. Wrth gwrs roedd pawb yn prynu pethau trydanol am y tro cyntaf. Fe gafodd Mam hŵfer Electrolux, un silindr oedd o, a hynny'n gam mawr ymlaen ar y pryd, ac yn haws o lawer na chario matiau allan a'u rhoi ar y lein i'w curo i gael y llwch allan.

Pan ddaeth trydan i Gilcain, cawsom gynnig trydan *three-phase* am £50, swm sylweddol o arian, a bu dadlau ynghylch derbyn neu wrthod y cynnig. Penderfynu ei gymryd o wnaethon ni er mwyn cael y pŵer angenrheidiol i droi'r peiriannau yn y gweithdy ac fe brofodd yn fuddsoddiad doeth a da. Roedd motor *three-phase* gymaint yn rhatach na *single-phase*.

Ffôn

Y ffôn cyntaf yng Nghilcain oedd yr un yn yr hen bost, sef Dolwar heddiw. Fe gawson ni ffôn yn Llys Eifion yn go fuan, am ei fod yn ddefnyddiol efo'r busnes, yn enwedig efo trefnu angladd. Un siâp canhwyllbren oedd o. Roedd y gyfnewidfa agosaf yn Hendre, felly ein rhif ni oedd Hendre 16. Fe newidiodd hyn ymhen amser i Hendre 316.

Adloniant

Sefydlwyd clwb pêl-droed yng Nghilcain yn y 1950au. Cilcain Wanderers oedd enw'r tîm, efo cit coch a gwyn. Bechgyn lleol oedd y chwaraewyr, yn cynnwys Hal, Bob Edwards, Noel Tyddyn Ucha, a Sid Brown. Doeddwn i ddim yn un ohonyn nhw, ond mi fyddwn yn mynd i'w gwylio'n chwarae ar un o gaeau Plas yn Llan o'r enw Cae Mawr, islaw Cae Dan Tŷ Llys Eifion. Cychwynnwyd y clwb gan Frank Hughes oedd yn cadw'r White Horse, a Wally Jones oedd yn gweithio yn y Swyddfa Bost yn yr Wyddgrug. Roedd Frank Hughes hefyd yn gweithio yn y swyddfa trethi ceir yn y dref. Dechreusant ddod â chwaraewyr i mewn o lefydd eraill. Dwi'n cofio rhai o Northop Hall a'r Wyddgrug. O'r herwydd, daeth yn dîm da, gan ennill yr Halkyn Mountain

League. Fe wnaeth yr un rhai gychwyn clwb criced yn yr haf, gan chwarae ar un o gaeau'r Crown wrth Rose Cottage (lle roedd John Richard yn byw). Mi fyddwn i'n chwarae yn hwnnw, er nad oeddwn i'n deall dim am griced chwaith. Roedden ni'n hogiau cryfion, a'r hwyl oedd ffustio'r bêl i'r cae nesaf! Pan ddaeth y tîm pêl-droed i ben, roedd y cit, sef llond bag o grysau a siorts, yn y gweithdy acw am hir.

Roeddwn i'n aelod o Glwb Ffermwyr Ifanc Cilcain oedd yn cyfarfod yn ysgol y llan. Roedd Ann Grey yn frwdfrydig iawn efo'r clwb ar y pryd, a'r tu ôl i lawer o'r hyn oedd yn digwydd. Ei theulu hi oedd piau Cefn Ucha a'r Gors. Ei thad oedd Reith Grey o Laneurgain, rheolwr Cwmni Gwaith Dur Shotton.

Roeddwn i tua dwy ar bymtheg neu ddeunaw oed pan gefais afael ar hen garafán roedd rhywun eisiau cael gwared ohoni. Dyma fynd ati i'w datgymalu hyd at ei hechel. Roedd hi braidd yn rhy fawr at fy mhwrpas i felly, torrais y ffrâm yn llai. Roedd gen i berthynas yn adeiladu carafannau yn Rhosesmor a dyma fynd at hwnnw i gael tipyn o gyngor ynghylch y dasg oedd o fy mlaen a fy rhoi ar ben ffordd.

Es ati i lunio ffrâm bren ar ben yr hen siasi a gosod hardbord wedi'i fwydo mewn dŵr ar ei ben nes bod hwnnw'n dynn fel tant. Roedd hardbord yn beth reit newydd a modern ar y pryd. Roedd y to o'r un defnydd, a thynnu lliain yn dynn drosto a'i baentio gyda rhyw ddefnydd pwrpasol fel ei fod yn atal dŵr. Yna gosod dwy ffenest ynddi – un bren ac un arall wedi'i galfaneiddio. Roedd dwy ring nwy ar gyfer coginio a lle i ddau gysgu ynddi.

Ar ei hantur gyntaf cafodd ei llusgo i Benmaenmawr gan yr Austin 12/4 am wythnos o wyliau i aros ar dir ein perthnasau. Doedd yna ddim brêcs ar y garafán. Fe wnaeth fy chwaer ddefnydd ohoni ar gyfer Eisteddfod Genedlaethol Llangefni. Yn gyffredinol, ni chafodd y garafán ei defnyddio fawr ddim at bwrpas gwyliau ond bu'n amhrisiadwy wrth i ni godi Glasgoed yn nes ymlaen. Fe wnaeth fel swyddfa ar y safle, rhywle i ymochel ac edrych ar y planiau. Yn y diwedd fe aeth i'r Rhyl fel cwt i blant Gladys, chwaer Margaret, chwarae tŷ ynddo yn yr ardd.

Trefnu angladdau

Roedd gwneud eirch yn rhan naturiol o waith saer cefn gwlad, er yn y dyddiau a fu, dim ond yr arch y byddai'n ei darparu. Byddai gwraig o'r plwyf, gwraig weddw gan amlaf, yn gwneud y gwaith o olchi a pharatoi'r corff cyn ei roi yn yr arch. Yna roedd pobl yn dod i'r tŷ i weld y corff. Fy nhad roddodd stop ar hynny. Roedd yna ddwy hen wraig yn dod bob tro fel dwy hen gigfran medde fo. Dim ond y teulu oedd yn cael dod i weld corff cyn cau'r arch wedyn.

Yn ôl yr hen drefn, dim ond y ficer oedd yn cael cynnal y *committal* ar lan y bedd ym mynwent yr eglwys. Os oedd yr angladd yn cael ei chynnal yn y capel, roedd yn rhaid cyfarfod y person wrth giât yr eglwys a fo fyddai wedyn yn cymryd yr awenau ar gyfer y gladdedigaeth. O dan y drefn newydd, ond i chi roi tridiau o rybudd, fe gâi gweinidog anghydffurfiol gynnal y gwasanaeth claddu ym mynwent yr eglwys. Fe gafodd fy nhad drafferth efo un person am hyn. Roedd o'n mynnu mai dim ond y fo oedd yn cael gwasanaethu yn y fynwent, ond roedd fy nhad yn ddigon cadarn i sefyll ei dir a rhoi'r tridiau o rybudd a chario ymlaen.

Rhaid oedd cysylltu â pherson yr eglwys i drefnu diwrnod y claddu, a byddai yntau'n cysylltu â'r clochydd er mwyn iddo dorri bedd. Ers talwm, roedd canu cloch yr eglwys ar y Sul ac agor beddi yn swyddi oedd yn mynd efo'i gilydd. Roedd trefn debyg gan yr anghydffurfwyr hefyd, gyda gofalu am y capel ac agor beddi yn waith oedd yn mynd gyda'i gilydd. Beth bynnag, fe agorwyd mynwent newydd yng Nghilcain ar ddechrau'r ugeinfed ganrif, mynwent y plwyf, felly doedd yna ddim dadlau wedyn. Yn gyffredinol, fe gladdwyd pobl y capel ar ochr chwith y llwybr, a phobl yr eglwys ar yr ochr dde. Mi fyddai'r esgob yn dod i sancteiddio'r tir ar yr ochr honno.

Doedden ni ddim yn trefnu llawer o angladdau mewn blwyddyn, rhyw bymtheg ar gyfartaledd ac o fewn ardal gyfyngedig: Cilcain, Hendre, Waun, ac weithiau Nannerch. Roedd gan bawb ei batsh, ond byddai yna groesi ffiniau hefyd. Roedd teuluoedd yn gallu bod yn 'ffyddlon' ac yn dod ataf i am mai fy nhad neu John Dafis oedd wedi claddu aelod o'r teulu flynyddoedd ynghynt. Anghyffredin iawn oedd cael mwy nag un angladd i'w drefnu ar y tro, ond un flwyddyn roedd yna ffliw neu ryw salwch yn y cylch a bu gennym dair arch yn y gweithdy ar unwaith ar fwy nag un achlysur.

Roedd angen byrddau llydan i wneud arch, y rheini braidd yn anwastad ar ôl iddyn nhw gael eu llifio a'u sychu, a gallai gymryd diwrnod i'w plaenio'n llyfn a gwastad cyn meddwl am lunio'r arch. Os byddai'r byrddau wedi bod trwy lif gylch, rhaid oedd plaenio ar draws y graen i gael y marciau llif allan yn gyntaf, yna eu plaenio yn eu hyd i'w cael yn wastad i drwch o $7/8$ i $3/4$ modfedd. Gan amlaf doedd gwaelod yr arch ddim yn cael ei blaenio ond rhaid oedd sgarffio – llifio nifer o doriadau ar draws y graen i mewn i'r ochrau hir – fel bod y bwrdd yn plygu i greu ysgwyddau.

Un tro, roedd fy nhad yn danfon Owen Wynne y porthmon yn y Ford Model T i ffair Treffynnon pan welodd ddyn yn plaenio coed eirch a'u sgarffio i'w plygu yn yr ysgwyddau. Byddai eu cael wedi'u paratoi fel hyn yn arbed oriau lawer o waith i ni, felly wedi hynny, o'r fan honno y byddem yn prynu coed eirch mewn setiau'n barod i'w hoelio yn ei gilydd. Efallai y byddai angen addasu'r coed trwy eu sgarffio'n ddyfnach i $^3/_8$ neu $^1/_2$ modfedd weithiau os oedd y pren yn $^7/_8$ o drwch a ddim am blygu. Oherwydd bod cluniau merched yn lletach, byddai angen sgarffio'r ochrau yn y fan yma hefyd.

Pren llwyfen neu dderw a ddefnyddid i wneud eirch ac yn fy nghyfnod i byddwn yn defnyddio derw o Siapan cyn rhoi farnais a gosod yr handlenni a'r plât gyda'r enw arni. Mi fydden ni'n rhoi tar ar hyd corneli'r arch i atal unrhyw hylif rhag dod allan. Clywais sôn am siwtiau dynion yn cael eu difetha oherwydd arch yn gollwng wrth ei chario, ond ddigwyddodd hynny erioed i ni. Mi fydden ni hefyd yn rhoi haen o lwch llif ar waelod yr arch i amsugno unrhyw hylif yna'i leinio â defnydd.

Roedd rheol afresymol yng Nghilcain, bod yn rhaid i bob bedd fod yn wyth troedfedd o ddyfnder, gan olygu gwaith mawr diangen. Roedd gan y clochydd farc ar yr ysgol i ddangos ei fod wedi torri i'r dyfnder cywir. Ar un achlysur daeth clerc y cyngor i edrych a gyrhaeddwyd y dyfnder cywir ond fe roddwyd yr ysgol o gongl i gongl fel bod y marc yn gwneud i'r bedd ymddangos yn ddyfnach nag yr oedd o!

Mae dyfnder bedd yn dibynnu ar faint sydd i'w claddu yno, un, dau neu dri a rhaid sicrhau bod llath o bridd ar ben y claddiad olaf, er ar adegau, nid yw hyn wedi digwydd. Roedd yn cymryd diwrnod i dorri bedd newydd efo caib a rhaw gan ddibynnu pa mor galed a charegog oedd y tir. Mewn ambell fan doedd ergyd caib yn llacio fawr ddim pridd. Roedd ailagor bedd yn haws gan ddibynnu pa mor ddiweddar y cafodd ei agor ddiwethaf, a rhaid oedd gwrando i sicrhau nad oedd rhywun yn mynd yn rhy ddwfn rhag ymyrryd ar y claddiad blaenorol.

Roedd John Davies y Siop yn ysgrifennydd y cyngor plwyf pan adeiladwyd y fynwent newydd yng Nghilcain. A rhyfedd o beth, y fo oedd un o'r rhai cyntaf i gael ei gladdu yno ar droad yr ugeinfed ganrif.

Wrth i amser fynd yn ei flaen, daeth y saer i ymgymryd â'r holl waith gan gynnwys trefnu i argraffu trefn y gwasanaeth, torri'r bedd, paratoi'r corff, trefnu ceir i gludo'r teulu a threfnu te pe bai angen yn y dafarn, neuadd y pentref neu'n festri'r capel. Bara a chaws, a bara brith a phaned o de oedd te claddu fel arfer ac roedd bara brith yn cael ei adnabod fel 'bara claddu'.

Byddwn yn cadw stoc o ryw chwech i ddeg o eirch, a byddai Mr Sankey yn dod o Lerpwl i werthu coed arch. Doedd o ddim yn gyrru, ond mi fyddai rhywun yn ei ddanfon ar ei rownd bob hyn a hyn i hel ordors. Mi fuon ni'n archebu ganddo am flynyddocdd, a'r coed yn dod ar y trên i Nannerch.

Y trafeiliwr fyddai'n dod i werthu defnyddiau at wneud eirch, leinin, *shrouds*, handlenni ac ati, oedd Don Ellis, eto o Lerpwl. Roedd o'n ŵr bonheddig, bob amser wedi'i wisgo'n smart fel pe bai'n ymgymerwr ei hun. Mi fyddai'n cyrraedd tuag amser brecwast bob tro, a hynny'n amser da i'n dal ni yn y tŷ wrth gwrs. Roedd fy nhad wedi cael niwmonia, ac yn sâl yn ei wely ar un achlysur, ond roedd o'n dechrau mendio felly mi fynnodd bod Mr Ellis yn dod i fyny ato i'r llofft. Fe roddodd hwnnw'r defnyddiau i gyd allan ar y gwely i Nhad edrych arnyn nhw, ac mi welodd y ddau ochr ddoniol y peth. Nid yn aml y mae claf yn gorwedd yn ei wely yn dewis defnyddiau arch!

Mi fydden ni'n cadw stoc mewn llaw, yn cynnwys

handlenni lliw arian a rhai pres. Fel rydw i wedi sôn yn barod, o gael y gwaith o drefnu angladd byddai galwad ffôn yn cael ei wneud yn y bore i gwmni yn Lerpwl yn y dyddiau cyn cau rheilffordd Dinbych i'r Wyddgrug ac mi fydden nhw'n torri'r enw ar y plât a byddai'r plât yn barod i'w gasglu o orsaf Nannerch gyda'r nos! Dro arall, byddai'r enw'n cael ei baentio ar gaead yr arch gan baentiwr arwyddion.

Fe gafodd fy nhad niwmonia deirgwaith, ac roedd o'n cymryd rhyw dabledi gan y meddyg oedd yn ei wneud yn ddryslyd ar adegau ac yn methu gwneud dim byd. Wn i ddim a ddylwn fod yn y *Guinness Book of Records* fel yr ieuengaf i drefnu angladd, ond pymtheg oed oeddwn i pan fu farw un o'r trigolion a rhaid oedd i mi drefnu'r holl angladd fy hun dan gyfarwyddyd fy nhad. O bob man, roedd y claddu yn Lerpwl. Roedd yn rhaid i mi wneud yr arch, ei phitsio a'i leinio; wn i ddim a oedd hi'n cyrraedd y safon angenrheidiol, ond fe lwyddais. Doedd gennym ni ddim digon o waith i gyfiawnhau cadw hers ein hunain a rhaid oedd llogi un o'r Wyddgrug. Doedd dim amdani ond gwisgo trowsus streipiau fy nhad efo belt i'w cadw nhw i fyny, a'i gôt laes amdanaf, ac i ffwrdd â ni am Lerpwl. Wnes i erioed chwysu cymaint. Y diwrnod hwnnw, es i drwy'r *Mersey Tunnel* yn fachgen a dod adref yn ddyn! Ymhen blynyddoedd, a minnau'n ddigon profiadol i gynnal angladd fy hun, fy nhad fyddai'n gwneud y gwaith trefnu a phapur a minnau'n trin yr ochr ymarferol.

Roedd elor olwynion (*wheel bier*) ar gael yng nghwt yr hers yng Nghilcain a byddai'r arch yn cael ei rhoi ar hon a'i gadael yng nghangell yr eglwys. Oherwydd bod ychydig o rediad yn y llawr roedd yn arfer cyffredin gennym roi un o lyfrau'r gwasanaeth neu lyfr emynau y tu ôl i olwyn yr elor rhag iddi symud. Bobl bach, fe gawsom ffrae gan y person am wneud hyn ar un achlysur. Pe bawn i'n gwybod, mi faswn i wedi dod â bloc o bren efo mi, ond roeddem wedi defnyddio llyfr ers blynyddoedd.

Mi fydden ni'n cerdded o'r eglwys i fynwent y plwyf drwy'r llan efo'r arch ar yr elor oedd yn powlio'n esmwyth ar olwynion mawr fel olwynion pram. Mi fyddai pawb yn cau'r cyrtens, ac mi fyddai dynion yn tynnu eu capiau, ac yn plygu pen fel arwydd o barch. O gyfarfod ag angladd, byddai ceir yn tynnu i'r ochr. Heddiw does neb yn malio dim. Un o'r pethau na allai fy nhad ei oddef oedd pobl yn siarad rhwng y gwasanaeth yn yr addoldy a chyrraedd ochr y bedd, rhywbeth y byddai'n tynnu sylw ato.

Fe wnaeth rhyw dorrwr beddau dieithr ddefnyddio'r elor i gario rhawiau a chaib at ei gerbyd ar un achlysur gan sgraffinio'r elor yn ofnadwy, ac mi fu'n rhaid i ni ddod â hi i'r gweithdy i lyfnhau'r gwaith paent a farnais a'i hail-beintio i gyd fel ei bod yn edrych yn urddasol unwaith eto.

Mi fyddwn i'n defnyddio fan i nôl corff ac ar gyfer cario arch wag i dŷ'r ymadawedig, ond un tro roedd y fan wedi torri a bu raid benthyg car fy chwaer, ond doedd o ddim yn ddigon hir a'r canlyniad oedd bod traed yr arch yn sticio allan o'r cefn ychydig!

Nifer o flynyddoedd yn ddiweddarach fe brynais gar Volvo *estate* oherwydd bod digon o hyd ynddo i gario arch a lluniais blatfform pren gyda gosodiadau i ddal yr arch yn ei le a byddwn yn gosod carthen borffor efo brêd aur arni (*pall*) dros y cwbl er mwyn darparu urddas i'r achlysur.

Unwaith, roedd un o drigolion Rhydymwyn wedi marw yn Henley-on-Thames a rhaid fu gyrru i'r fan honno ar frys i gasglu'r ymadawedig. Oherwydd hyd a blinder y daith bu'n rhaid i Margaret ddod efo fi ac roeddem wedi paratoi digon o fwyd i fynd efo ni rhag colli amser. Ar y ffordd yn ôl roedd arnom chwant bwyd mawr, felly dyma stopio yn Broadway yn y Cotswolds am bryd cyn prysuro am adref a mynd ymlaen â'r trefniadau. Oherwydd yr hyn oedd gennym yn y car ac er parch iddo, aethom i chwilio am rywle tawel, preifat i barcio'r Volvo yng nghysgod wal uchel. Lawer tro dwi wedi meddwl beth pe bai rhywun wedi dwyn y cerbyd a'i gynnwys, byddai wedi bod yn achos embaras aruthrol i mi, ond byddai'r lleidr wedi cael mwy o sioc o ganfod beth oedd yn y cefn!

Mi fyddai unrhyw ymgymerwr yn dweud wrthych mai angladd plentyn yw'r mwyaf anodd gan ei fod yn effeithio ar ddyn, bywyd ifanc wedi'i dorri'n fyr. Yn ffodus i mi, achlysuron prin fu'r rhain, ond roedd yn digwydd weithiau. Claddu plentyn oeddwn i ym mynwent Cilcain un tro pan ges i boenau dirdynnol yn fy nghefn nes methu defnyddio rhaw i gau'r bedd. Roeddwn i'n tybied fy mod ar fin ymuno â'r plentyn yn y bedd. Y diwedd fu i mi orfod mynd ar fy ngliniau a'i gau o efo llaw gan gymaint y boen. Doeddwn i ddim yn ymwybodol ar y pryd fod gen i haint ar yr arennau.

O gymharu â heddiw, roedd claddu'r dyddiau hynny'n digwydd o fewn tri neu bedwar diwrnod ar ôl i rywun farw, felly roedd llawer i'w drefnu mewn byr amser a rhaid oedd bod yn drefnus gan gadw urddas yr achlysur. Mae'r holl reolau sy'n bodoli heddiw wedi arafu'r drefn yn arw. Doedd yna ddim oergell mewn marwdy i gadw cyrff y meirw pan gychwynnais i ymgymryd ag angladdau ac weithiau roedd yna arogl ofnadwy ar dywydd poeth wrth nôl corff o'r *mortuary* yn yr Wyddgrug. Roedd hwnnw'n lle bychan brics coch yn Ysbyty'r Wyddgrug a chyrff ym mhob man ar adegau. Yn naturiol, roedd yn ddoeth bryd hynny i gladdu'r corff o fewn ychydig ddyddiau cyn iddo ddirywio a dod yn berygl i iechyd y byw.

Roedd yn gyffredin i mi fynd i helpu ymgymerwyr eraill os oedden nhw'n brysur. Roedd fy nhad yng nghyfraith yn byw yn nhŷ capel Llanarmon yn Iâl ac un o delerau rhentu'r tŷ oedd ei fod yn agor beddi, gwaith cwbl anaddas iddo fo gan nad oedd o'n ddyn iach. Un tro, roedd wedi cychwyn agor bedd yng Nghapel Rhiw Iâl, ond wedi methu dyfalbarhau a bu'n rhaid i mi orffen y job. Wrth i mi dyllu daeth carreg fawr i'r amlwg ac mi gymrodd lawer o amser i'w malu. Dyna ddrwg y fynwent honno, wedi mynd i lawr rhyw lath, deuech ar draws cerrig mawr. Gosodais slabiau o goncrit ar waelod y bedd a chodi pwt o wal o siâp a dyfnder arch a gwyngalchu'r brics a rhoi dail a mwsogl ar y top i'w wneud yn fwy deniadol. Dyna oedd dymuniad y teulu.

Roedden ni'n bricio rhai beddau weithiau, er nad y cwbl o bell ffordd. I Adam Woodward, saer coed ac ymgymerwr Tafarn y Gelyn roeddwn i'n agor y bedd arbennig yma, dyn gofalus i'r eithaf. Pan roddwyd yr arch yn y bedd, wnes i sylweddoli ei fod wedi rhoi mesurau rhy fawr i mi o ryw chwe modfedd a fy mod wedi torri llawer mwy o bridd nag oedd ei angen a chreu mwy o waith a thrafferth yn ei sgil! Roedd ganddo ormod o ofn cael ei fesurau'n anghywir gan weithio ar yr egwyddor bod bod yn rhy fawr yn well na bod yn rhy fach. Roedd o'n gymeriad hoffus. Gwelodd pobl eraill o'r ardal fel roeddwn wedi paratoi ac wedi addurno'r bedd a'r canlyniad fu bod eraill eisiau'r un driniaeth, ac roeddwn i'n crigo wedyn am nad oedd fy nhad yng nghyfraith yn abl, a minnau ddim eisiau'r gwaith! Yr ymgymerwr yn y cyfeiriad arall oedd Davies Ffynnon y Cyff, Licswm, ac roeddwn yn cydweithio'n dda efo fo hefyd.

Roeddwn yn talu costau'r eglwys i offeiriad Rhydymwyn unwaith a nododd ar y bil yr amrywiol ffioedd megis costau'r organydd, fo fel offeiriad, canu'r gloch, gorwedd yn yr eglwys dros nos, clochydd ac ati. Wrth fwrw golwg dros y bil wnes i sylwi bod y cyfanswm yn anghywir a dwyn sylw at y mater. Buan y cywirodd y person y bil trwy ychwanegu 'sundries £1.50' ar y gwaelod i wneud y gwahaniaeth i fyny, er nad oedd yn eglur beth yn union oedd y 'sundries'!

Dro arall roedd gwraig yn fy nhalu am gladdu perthynas a gofynnodd, "Do you give Green Shield Stamps?"! Cynllun oedd hwnnw, oedd yn boblogaidd yn y saithdegau, lle'r oedd siopwyr yn cael eu gwobrwyo efo stampiau y gellid eu casglu a'u cyfnewid am nwyddau.

Chawson ni ddim llawer o droeon trwstan, diolch byth, ond dwi'n cofio un tro roeddwn wedi gosod cyrts (rhaffau) ar ochr bedd agored fel arfer cyn y gwasanaeth, ond pan ddaru ni gyrraedd y fynwent efo'r arch, doedd yna ddim golwg ohonyn nhw. Trwy drugaredd, roedd gan rywun raffau yn y car, ac fe gariodd popeth ymlaen yn iawn. Ar ôl i bawb fynd adref, es i chwilio am y cyrts, a dod o hyd iddyn nhw'n strimyn hir ar lawr mewn stad o dai. Wrth eu rholio nhw fyny, dywedodd rhyw ddynes dros y gwrych ei bod wedi gweld ci yn chwarae efo nhw, felly dyna ddatrys y dirgelwch. Ci oedd y lleidr!

Roedd rhyw gwpwl oedrannus wedi dod i aros i Rydymwyn ar eu gwyliau ac yn ystod y gwyliau bu farw'r gŵr ac fel ymgymerwr lleol cefais y dasg o wneud y trefniadau. Wnes i logi hers o Dreffynnon – Rolls Royce; dyna i chi gar drud i'w yrru i Bingley yn Swydd Efrog.

Yn achlysurol roedd angen mynd i gynnal cynhebrwng yng Nglannau Mersi a rhaid oedd cyrraedd yr amlosgfa mewn pryd neu golli eich cyfle. Os caech chi un golau traffig ar goch yna roeddech yn bur sicr y byddai pob un yn eich erbyn! Un tro, roedd gen i angladd ym Mhenbedw a'r amser yn dechrau mynd yn dynn a doedd dim amdani ond troed i lawr gan wneud 80-90 milltir yr awr. Roedd gen i wraig yn gyrru'r car oedd yn cludo'r teulu y tu ôl i mi a dywedodd wrthyf na wnâi byth yrru i mi eto ar ôl gwneud y fath gampau!

"Rhowch y bil i'r twrnai" oedd y gorchymyn yn aml a rhaid oedd disgwyl misoedd lawer tra oedd y cyfreithiwr yn setlo stad yr ymadawedig. Os dyna'r sefyllfa gyda dau neu dri o gladdedigaethau roedd swm sylweddol o arian yn ddyledus; felly, rhag bod gen i ormod o arian allan, byddwn yn trosglwyddo cost y te i'r teulu i'w dalu'n uniongyrchol eu hunain gan ysgafnhau fy meichiau ariannol i.

Os byddai teulu'n gofyn am gasgliad at ryw achos yn y gwasanaeth angladd, byddwn yn gofalu mai i fy meddiant i y byddai'r arian yn dod fel rhan o fy nghyfrifoldeb i. Ar un achlysur roedd y person a'r warden wedi meddwl cael eu bachau ar gyfran o'r arian i'w rhoi i ryw elusen arall ond mynnais fy ffordd er mwyn trosglwyddo'r holl swm i feddiant y teulu i'w roi i elusen o'u dewis nhw.

Fe ges i'r fraint o ddod i adnabod y teuluoedd lleol yn dda. Wrth fynd i dŷ galar, rydach chi'n gweld pobl ar yr awr dywyllaf fel arfer, ond mae'n rhaid dweud eich bod hefyd yn gweld pobl ar eu gorau yn go aml. Mae'n rhyfedd fel mae profedigaeth yn dod â phobl at ei gilydd. Ges i ambell sgwrs ddifyr efo teuluoedd oedd yn falch o rannu atgofion, ac roedd hiwmor yn sgleinio drwodd mwy na fasech chi'n meddwl.

Roeddwn i'n adnabod y bobl, ac yn gyfarwydd â'u cefndir. Roeddwn i hefyd yn adnabod eu tai. Weithiau roeddwn i'n mynd i'r llofft i nôl corff, ac yn gorfod straffaglu i gael arch o un ystafell i'r llall neu i lawr y grisiau. Wrth gwrs, ni oedd hefyd yn gwneud y gwaith cynnal a chadw ar y rhan fwyaf o'r tai o gwmpas y llan, yn trwsio adeiladau ac ati. Dwi'n meddwl fy mod i wedi bod y tu mewn i bob hen dŷ yn y plwyf ar ryw adeg neu'i gilydd dros y blynyddoedd.

Moderneiddio tai

O ddiwedd y 1950au ymlaen cychwynnodd pobl foderneiddio eu tai, ac roedd galw yn arbennig am gael bathrwm yn y tŷ gan droi llofft yn ystafell ymolchi, neu rannu ystafell yn ddwy neu hyd yn oed godi estyniad newydd i'r perwyl. Wnes i lunio sawl ystafell ymolchi gyda phibellau copr wedi cymryd lle rhai plwm; roedd copr gymaint yn haws a chyflymach i'w drin. Roedd yr awdurdodau lleol yn cynnig grantiau i wella a moderneiddio tai ac fe gymerodd sawl un fantais o hyn.

Margaret

Yn 1954, roedd Tŷ Capel yn wag, a chlywsom fod gofalwyr newydd yn dod yno i fyw. Cymry oedd Robert a Winifred Hughes oedd yn byw yn Broxton, Sir Gaer. Roedd Bob wedi bod yn gweithio ar ffermydd, ac yna'n gyrru bysys Crosville cyn cael gwaith fel *machine officer* i'r 'War Ag', sef y *War Agricultural Executive Committee* oedd yn sefydliad dan adain y llywodraeth i gynyddu cynnyrch amaethyddol yn ystod y rhyfel. Roedd gwaith Bob yn ei gymryd i'r Wyddgrug, a bu'n gweithio ar fynydd Rhyd-y-fenni, Cilcain, a dyna sut y clywodd o fod Capel Cilcain yn chwilio am ofalwyr.

Ym mis Hydref 1954, fe gyrhaeddodd Bob a Winnie gyda'u dwy ferch Margaret a Gwen, oedd yn 15 a 13 oed, a Ginger y corgi. Roedden nhw wedi teithio o Broxton mewn car Standard 12, ond roedd hwnnw wedi nogio ar allt bont newydd (Trial Hill) a bu raid iddyn nhw ei adael yno a cherdded i'w cartref newydd.

Roedden ni wedi bod yn brysur yn rhoi ystafell ymolchi i mewn yn Nhŷ Capel, i fyny'r grisiau gan roi palis ar draws yr ystafell wely uwchben y gegin, yn barod ar gyfer y teulu newydd yma. Sefyll mewn twll yn yr ardd roeddwn i yn gosod *soakaway* pan welais i nhw'n cyrraedd, a dyna'r tro cyntaf i mi gyfarfod Margaret.

Roedd dod i fyw i Gilcain yn dipyn o newid byd i ferched ifanc oedd wedi bod yn byw mewn tŷ cyngor yn Broxton efo trydan ynddo! Nid oedd y cyflenwad trydan wedi dod i Gilcain eto, felly rhaid oedd troi'n ôl at lampau oel a chanhwyllau. Hefyd, er bod eu rhieni'n siarad Cymraeg, Sacsneg ocdd unig iaith y genod a fagwyd yn Lloegr. Dechreuasant fynychu gwasanaethau'r capel heb ddeall gair o'r iaith. Roedd y ddwy yn aelodau o'r *Band of Hope* hefyd, a phawb yn groesawgar. Glyn ac Elsie Davies Rhyd-y-fenni oedd yn gofalu ar y pryd, ac fe gynhyrchon nhw ddrama Saesneg o'r enw *The Bakehouse* er mwyn i Margaret gymryd rhan, ac fe ddysgodd Gwen yr adroddiad *If* gan Rudyard Kipling. Fy nhad oedd yn dysgu'r modiwletor sol-ffa i'r plant a'r bobl ifanc, ac roedd Margaret yn gerddorol ac yn gallu chwarae'r piano. Hefyd, fe ymunodd Margaret a Gwen â'r Clwb Ffermwyr Ifanc, felly'n naturiol fe ddaethom yn ffrindiau.

Roeddwn i'n aelod defnyddiol o'r clwb os oedd angen gwneud rhyw eitem allan o bren neu fetel neu rywbeth felly ar gyfer Rali'r Ffermwyr Ifanc neu ryw brop ar gyfer Gŵyl Ddrama. Ond fe gymerodd Margaret ran ar y llwyfan yn y *Mikado* yn Ysgol Alun ac wrth gwrs fe es i'w gweld. Lle'r oedd Margaret yn mynd roedd Arthur Gwynn yn dilyn! Dwi hefyd yn cofio mynd efo hi i Eisteddfod Rhuallt rhyw dro.

Fe ddywedodd Nhad wrthyf am lanhau'r lorri os oeddwn am gario Margaret ynddi. Mainc bren ar draws y cab oedd yr unig sedd, ond dan gyfarwyddyd Nhad, rhaid oedd sticio darn o garped y tu mewn i'r drws i'w leinio ar ochr y *passenger*.

Byddem yn mynd i'r pictiwrs yn yr Wyddgrug yng nghar fy chwaer Eirlys, a minnau'n dod â bocs bychan sgwâr o siocled *Milk Tray* o'r siop i Margaret. Austin A40 Somerset oedd y car, gyda'r *number plate* TMA 418. Mae Margaret yn fy herian ei bod yn cofio hyn oherwydd yn ei meddwl hi roedd TMA yn sefyll am *The Mighty Arthur*! Roedd Eirlys erbyn hynny'n gweithio fel trefnydd prydau ysgol. Dwi'n cofio ni'n mynd i Gaer i weld syrcas Bertrand Mills. Pan aethom i weld y ffilm *The Robe* daeth Mam a Nhad efo ni.

Roedd Margaret wedi gosod ei bryd ar fod yn athrawes. Ar ôl gadael Ysgol Hart Hill, Brown Knowl, Broxton, roedd wedi dechrau mynychu'r Chester College of Further Education er mwyn cael cymwysterau. Wedi symud i Gilcain, byddai ei thad yn ei chymryd i'r Wyddgrug ar ei feic modur i ddal y bws i Gaer, ond roedd hyn yn gostus felly dyma wneud cais i'r adran addysg am arian. Roedd Sir y Fflint yn anfodlon ariannu addysg mewn sir arall pan oedd darpariaeth ganddyn nhw'n nes adref, ac fe gynigwyd cwrs i Margaret yng Ngholeg Celstryn ar Lannau Dyfrdwy. Ond dim ond cyrsiau galwedigaethol oedd ar gael yno, a hithau eisiau bod yn athrawes gynradd, felly yn y diwedd fe gafodd ei derbyn i'r chweched dosbarth yn ysgol ramadeg Alun yn yr Wyddgrug. Roedd hi'n ddwy ar bymtheg oed erbyn hynny ac wedi colli blwyddyn, felly roedd y pynciau oedd ar gael iddi'n gyfyngedig, ond fe gafodd astudio Saesneg, Mathemateg, Cerddoriaeth, Celf, Daearyddiaeth, Coginio a Bioleg lefel O mewn blwyddyn.

Joseph Jones oedd y prifathro, dyn cadarn mewn clogyn du.

Nid oedd iechyd Bob Hughes yn dda. Roedd o'n dioddef o glefyd siwgr oedd allan o reolaeth ar brydiau. Felly ar ôl blwyddyn yn Nhŷ Capel, fe symudodd y teulu ar draws y ffordd i siop William Davies lle'r oedd Winnie wedi cael swydd fel rheolwr. Roedd ei chyflog hi'n fodd o gynnal y teulu pan oedd ei gŵr yn wael. Fi gariodd eu dodrefn ar draws y ffordd iddynt. Roedd y tŷ'n rhy agos i fedru defnyddio lorri! Fe symudodd y teulu lawer gwaith dros y blynyddoedd, a dwi'n siŵr fy mod i wedi handlo'r dodrefn yna o leiaf bedair gwaith fy hun. Mae'n dda fy mod yn *chap* cryf!

Fe wnes i a Margaret ddyweddïo ar ei phen-blwydd yn ddeunaw oed. Yn ddiweddarach yr un flwyddyn, sef 1957, fe aeth hi i Goleg y Normal, Bangor. Felly mi fues i'n mynd a dod yno i'w gweld am ddwy flynedd. Yn 1959, fe gafodd ei swydd gyntaf fel athrawes yn Crewe am flwyddyn. Roedd hi'n dod adref ar nos Wener ar y trên i Star Crossing a minnau'n ei chyfarfod yno ac yn dod â hi i Lys Eifion i gael swper cyn ei danfon i Lanarmon yn Iâl. Roedd ei rhieni erbyn hynny wedi symud i'r Tŷ Capel yno fel gofalwyr Capel Rhiw Iâl.

Daeth tristwch mawr i ran ein teulu ni ym mis Mai 1960 pan fu farw fy mam o diwmor ar yr ymennydd yn 62 mlwydd oed. Fe roddodd Eirlys y gorau i'w gwaith i ofalu amdani yn ystod ei misoedd diwethaf. Roedd ei marwolaeth yn ergyd fawr i Nhad yn enwedig, ac yn golygu newid byd wrth i ni ystyried y dyfodol.

Fe wnes i a Margaret briodi yng Nghapel Rhiw Iâl ar 31 Awst, 1960. Roedd hi'n ddydd Mercher, hanner diwrnod y siop. Y gweinidog oedd y Parch. T. R. Jones. Y gwas priodas oedd fy ffrind Ronnie Morris, a Gwen yn forwyn mewn ffrog binc yr oedd hi wedi'i benthyg gan ffrind. Gwisgodd Margaret ffrog a brynwyd yn Lerpwl am £12.50. Yn festri'r capel y cynhaliwyd y wledd, sef salad a ham cartref, a diod o flodau ysgaw cartref. Doedd yna ddim alcohol yr adeg honno, ar yr aelwyd heb sôn am yn yr ysgoldy. Fe wnaeth y cofrestrydd anghofio gofyn i Ron am yr arian i dalu am y drwydded, felly dwi wedi dweud lawer gwaith fy mod wedi cael bargen! Aethom ar ein mis mêl i Gernyw.

Tir Llys Eifion

Fe gafodd Ysgol y Foel, sef ysgol gynradd newydd Cilcain, ei hadeiladu ar gae oedd yn perthyn i Lys Eifion yn 1960. Cae Fynwent oedd enw'r cae. Cyn hynny fe adeiladwyd tai cyngor Maes Cilan ar un o gaeau Llys Eifion hefyd, felly roedd y tyddyn yn mynd yn llai. Roedd yna lyncdwll (*sink hole*) yn y cae yna. Fe ymddangosodd twll unwaith, a'r amheuaeth oedd bod bom wedi disgyn yno yn ystod y rhyfel. Daeth y *bomb squad* i ymchwilio, ond llyncdwll oedd o.

Rhoddwyd Llys Eifion ar werth. Roedd cyfnod y siop a'r swyddfa bost drosodd, a dyddiau'r hen gartref ar ben.

Ar 26 Hydref, 1960, fe briododd Eirlys ag Ednyfed Williams yng Nghapel Cilcain a gadael i fyw efo mam Ednyfed yn Nyserth. Ar 31 Hydref, fe symudodd y gweddill ohonom allan o Lys Eifion. Fe aeth Margaret a fi a Nhad i fyw yn y Bwlch, sef bwthyn Anti Jinnie, chwaer fy nhad. Doedd hi ddim yno ar y pryd, gan ei bod wedi mynd i Benmaenmawr i ofalu am Glenys a Glyn, plant ei diweddar nith Enid a fu farw'n ifanc. Fe aeth Anti Annie, chwaer Mam, oedd yn byw efo ni yn Llys Eifion, i Lanelwy at ei chwaer hithau, Anti Rachael, gwraig y Parch. James Humphreys.

Yn ystod gwanwyn 1961, aethom ati i gynllunio byngalo ar dir Llys Eifion, yr ochr arall i'r gweithdy. Roedd byngalo yn fwy hwylus i Nhad oedd yn dioddef yn ddifrifol o gryd cymalau erbyn hynny. Gwnaed y planiau gan gynllunydd lleol, ac fe aed ati i ddechrau adeiladu allan o goed i gyd. Fe wnaethom y gwaith ein hunain, gyda chymorth contractwyr, a symud i mewn dros y Pasg yn 1962, er nad oedd y lle wedi'i orffen. Enw ein cartref newydd oedd Glasgoed, a dyma ddechrau pennod newydd hapus i ni i gyd.

Dyddiau Glasgoed

FE WNAETHOM BRIODI yn 1960 a byw dros dro yn y Bwlch tra roeddwn yn adeiladu byngalo ar hen gae dan tŷ Llys Eifion. Enwyd y byngalo yn Glasgoed ar ôl y rhes o goed bytholwyrdd o'i flaen oedd gynt yn nodi terfyn perllan fy hen gartref. Roedd yna ddreif yn arwain o ffordd y llan at Glasgoed rhwng y gweithdy a hen goed afalau Llys Eifion, bellach yng ngardd ein cartref newydd. Fe wnaethom symud yno i fyw yn 1962 er bod hanner y gwaith heb ei orffen a dweud y gwir. Y cwbl oedd gennym yn y gegin oedd tap a *trestles* a phlanciau ar eu pen, doedd yna ddim sinc na chypyrddau moethus!

Byngalo ffrâm bren oedd o, efo *shingles* pren ar y to wedi'u dal yn eu lle gan hoelion copr. Wnes i leinio waliau'r ystafell fyw efo dalenni *plywood* oedd wedi cael ei sandblastio i adael y graen yn sefyll yn glir o'r wyneb. *Driftwood* oedd enw'r patrwm. Gosodais lawr pren derw wedi'i farneisio yn yr ystafell honno hefyd. Roedd Margaret yn dda ei llaw, gan wneud y llenni i gyd ac ati.

Yn y dyddiau hynny, doedd gwres canolog ddim yn cael ei ystyried. Roedd gennym stof Wellstood tanwydd solet yn y gegin ar gyfer coginio a chynhesu'r dŵr, a grât efo tân agored yn yr ystafell fyw. Roedd ein gaeaf cyntaf yno (1962-63) yn goblyn o oer. Ganwyd Gwyneth ddiwedd mis Tachwedd 1962, ac oherwydd yr eira trwchus a'r rhew,

112

roedd yn amhosib cael y pram allan o'r drws am chwech wythnos. Fe wnaethom drefnu ei bedyddio dair gwaith, ond nid oedd ein gweinidog, y Parch. R. R. Evans, yn gallu dod o Wernymynydd i Gilcain.

Gaeaf 1962-63

Plwm oedd defnydd pibellau dŵr mewn tai, a'r pibellau o dan y to yn y nenfwd mewn mannau anhylaw yn y bondo, yn y dyddiau pan nad oedd neb wedi meddwl am ynysu dim, os nad oedd rhywun yn rhwymo sachau am bibellau. Gan fod plwm mor feddal, roedd o'n bostio'n hawdd mewn rhew. Yng ngaeaf dychrynllyd o rewllyd 1962-63 fe dreuliodd fy nhad a minnau ddau fis cyfan yn gweithio ar wahân yn gwneud dim ond trin byrstiau. Rhaid oedd bod yn ofalus oherwydd gallech gychwyn tân yn y to yn hawdd gyda *blowlamp* am fod un petrol yn dueddol o boeri fflam o bryd i'w gilydd. Tasg anodd oedd sodro plwm, camp a ddysgais yn y gweithdy efo Nhad gan arbrofi ar hen bibellau sgrap pan oeddwn i'n 15 i 19 oed. Roedd y sodr plwm yn burach na phlwm y bibell. Rhaid oedd glanhau'r bibell yn gyntaf, rhoi fflwcs arni a'i sodro'n gyflym neu ni fyddai'r gwaith sodro yn llwyddiannus. Wrth y pwysau y gwerthid peips plwm ac fe ddeuen nhw mewn coil oedd angen ei sythu. Byddai'r naill bibell yn cael ei sodro i'r nesaf trwy ddefnyddio *bobbin* – darn o bren ar dapr fyddai'n cael ei dapio i geg y bibell i'w hagor allan yn ofalus i'w gwneud i ffitio ceg y bibell nesaf.

Roedd pibellau wedi rhewi'n gorn yn y ddaear, a fy ateb ar un achlysur i'r sefyllfa, pan oedd pibell yn mynd dan y ffordd, oedd torri twll i gyrraedd ati. Yna, rhyw 30 llath o'r twll cyntaf, torri twll arall a chysylltu deuben y bibell â'r weldiwr trydan fel bod y cerrynt yn toddi'r rhew.

Problem arall a wynebai ffermwyr yn ystod y gaeaf

hwn oedd dim trydan. Roedd gwifrau'r cyflenwad trydan wedi torri oherwydd pwysau'r eira a'r rhew oedd arnyn nhw felly doedd dim trydan i yrru motor yr offer godro. Bu rhai heb drydan am bythefnos oherwydd anhawster y bwrdd trydan i gyrraedd y gwifrau oedd wedi torri, heb sôn am y mannau eraill roedd disgwyl iddyn nhw fynd. Gofynnwyd i mi sawl tro yn ystod y gaeaf hwnnw ddod i'r adwy i achub y sefyllfa. Byddwn yn torri twll yn y wal ble roedd y peiriannau godro, ac yn troi'r pwmp fel bod pwli'r pwmp yn wynebu'r twll yn y wal gan alluogi'r ffermwr i'w gysylltu â'r tractor a chaniatáu iddo fynd ymlaen â'i waith orau y gallai.

Mi fues innau'n helpu fy nghefnder yn Nhŷ Mawr, Cilcain i odro efo llaw oherwydd nad oedd dewis arall. Roedd yno hen fuwch oedd yn enbyd am gicio gan nad oedd wedi arfer cael ei godro efo llaw a byddai'r bwced yn mynd i bob cyfeiriad. Gwnaed meistr o'r sefyllfa trwy odro i jwg a thywallt cynnwys hwnnw, yn ôl y galw, i fwced.

Y teulu'n tyfu

Ganwyd Mair ym mis Medi 1964 pan oedd y tywydd yn braf, a hynny'n llawer llai o drafferth! Cafodd hithau ei bedyddio mewn gwasanaeth yn y capel yr un pryd ag Eleri Pierce, merch fach Arthur ac Ann Cefn Ucha. Dwi'n amau bod y Parch. R. R. Evans wedi ffwndro braidd efo'r bedydd dwbl oherwydd fe anghofiodd droi at Arthur, a fi addawodd edrych ar ôl Eleri hefyd!

Yn y gaeaf y ganwyd Olwen hefyd yn Rhagfyr 1967, ac yn wir roedd eira'n broblem unwaith eto. Cael a chael oedd hi i gyrraedd Ysbyty Mancot mewn pryd! Fan oedd gen i ar y pryd, nid car, ac roeddwn wedi parcio'r fan ar ben y dreif ar ochr y ffordd rhag ofn. Yn wir i chi, erbyn tri o'r gloch y bore pan ddaeth yn amser mynd, roedd yr eira i fyny at echel y fan. Roedd y ffordd at Star Crossing yn weddol am fod Julian Tŷ'r Ysgol wedi bod allan yn clirio efo tractor, ond roedd y ffordd fawr yr holl ffordd i Queensferry yn ddifrifol a'r siwrne'n araf iawn. Fe wnaethom fedyddio Olwen cyn y Nadolig yn bythefnos oed rhag ofn i ni gael mwy o eira a gorfod gohirio fel efo Gwyneth.

Cafodd y merched eu magu i fynd i'r capel yn ddeddfol, gan ddweud adnod bob bore Sul, a mynd i'r Ysgol Sul yn y pnawn. Roedd Sasiwn y Plant yng nghapel Bethesda, Yr Wyddgrug yn achlysur blynyddol, gyda the i blant Cilcain wedi'i drefnu mewn caffi yn y dre rhwng cyfarfod y pnawn a'r gymanfa ganu gyda'r nos. Roedd Margaret yn organyddes yn y capel, ac fe gymrodd ei thro fel arolygydd Ysgol Sul gweithgar iawn hefyd. Roedd ei doniau fel athrawes ysgol gynradd o fudd garw yno. Roedd hi'n ganolog i weithgareddau'r chwiorydd, yn cynnwys paratoi Swper Gŵyl Ddewi ardderchog yn ysgoldy'r capel bob blwyddyn. Fy ngorchwyl i yn y capel oedd hel y casgliad bob Sul, fi efo plât i lawr un eil, a John Richard Hughes (oedd yn gweithio i mi bob dydd) i lawr yr eil arall.

Roedd fy chwaer Eirlys a'i gŵr Ednyfed yn byw yn Nyserth a chanddyn nhw dri o blant erbyn hynny, Meredydd, Delyth a Dylan. Am fod Taid yn byw yng Nghilcain efo ni, cafodd y plant lawer o hwyl efo'i gilydd yn ôl ac ymlaen rhwng ein cartrefi, sef Amroth a Glasgoed.

Doedd gennym ni ddim car pan oedd y merched yn fach, dim ond fy fan gwaith, sef Ford Transit erbyn hynny. Doedd Margaret ddim yn gallu gyrru ar y pryd felly rhaid oedd llnau'r fan pan oeddem eisiau mynd i rhywle, a rhoi dwy hen sedd bws yn y cefn wedi'u sgriwio i'r llawr ar gyfer y plant. Mi fyddwn i'n cymryd Margaret i siopa bwyd ar fore Sadwrn i Kwik Save yn yr Wyddgrug. Ond yr adeg honno, roedd 'Joe Bara' yn dod ar ei rownd i Gilcain ddwywaith yr wythnos o siop Moelycrio, Rhes-y-cae, a bara da oedd o hefyd. Roedd y bara brith, a'r byns croes ar gyfer y Groglith yn arbennig o flasus. Keith Davies o fferm Coed Du, Rhydymwyn oedd y dyn llefrith, a'r llefrith heb ei basteureiddio yn dod mewn poteli gwydr yn syth o'r fferm efo dwy fodfedd o hufen ar y top. Roedd yn rhaid rhoi cwpan ar ben pob potel os oedd yn sefyll ar garreg yr aelwyd am unrhyw hyd i arbed titw tomos las rhag pigo twll yn y ffoil! Roedd Edwin y glo yn dod i lenwi'r cwt glo, gan gario sach ar ei gefn o'r lorri, ei wyneb yn ddu efo'r llwch ond rhimyn gwyn o amgylch ei geg lle'r oedd o'n llyfu ei wefusau. Wrth gwrs roedd siop y llan drws nesaf atom hefyd yn handi iawn, a'r swyddfa bost. Felly nid oedd angen mynd i'r dref am bopeth, er mai i'r dref y gwnaethom anfon y plant i'r ysgol.

Am fod Margaret yn dysgu Cymraeg, fe wnaethom y penderfyniad i anfon Gwyneth yn 1967 i Ysgol Glanrafon, sef yr ysgol Gymraeg yn yr Wyddgrug, at Mr Ron Parry a'i staff. Ysgol cyfrwng Saesneg oedd Ysgol y Foel, Cilcain, erbyn hynny, ac roeddem yn ofni na fyddai gan ein merched ffrindiau bach Cymraeg yn y pentref. Cymraeg oedd iaith yr aelwyd, felly dewis ysgol Gymraeg amdani. Am nad oedd Margaret yn gyrru, roedd yn rhaid i Gwyneth fach fynd ar y bws i'r dref efo plant mawr yr ysgolion uwchradd bob dydd, a hynny'n dipyn o artaith iddi hi a'i mam ar brydiau. Gwellodd pethau'n arw ymhen dwy flynedd pan gafodd gwmni Mair, ac yna dilynodd Olwen ar eu hôl. Blynyddoedd hapus iawn iddyn nhw oedd cyfnod Glanrafon yn llawn o fwrlwm Cymreig cartrefol, a Margaret a fi'n falch ein bod wedi gwneud y penderfyniad cywir gan fod y tair yn Gymry Cymraeg naturiol hyd heddiw, er bod Cymreictod eu bro enedigol wedi newid yn aruthrol. Aethant yn eu blaenau i Ysgol Maes Garmon o dan arweiniad Mr Aled Lloyd Davies. Roedd fy mrawd yng nghyfraith Ednyfed (Yncl Ed iddyn nhw) yn ddirprwy brifathro yno ar yr un pryd – campus. Cafodd y merched brofiadau di-ri wrth fynd i Glan-llyn, Llangrannog, Coleg y Bala, a chymryd rhan yng ngweithgareddau'r Urdd. Gwellodd Cymraeg Margaret yn sgil eu haddysg hefyd, ac roedd hi'n esiampl dda iddyn nhw, chwarae teg iddi.

Daeth yn bryd i Margaret ddysgu gyrru, ac fe brynais gar Morris 1000 bach gwyrdd, a rhif y plât oedd VPY 7. Roedd yn gar bach handi, a phan ddaeth yn bryd cael gwared ohono ymhen blynyddoedd, fe gedwais y plât am ei fod yn anghyffredin, ac mae'r rhif ar fy nghar heddiw. Byddai Margaret yn cymryd y plant i gael gwersi nofio yn Nhreffynnon – hi ac Ann Pierce, Cefn Ucha efo'i gilydd, ac Eleri ac Arfon Pierce yng nghefn yr hen gar bach efo Gwyneth, Mair ac Olwen yn bwyta brechdanau jam ar y ffordd adref. Maen nhw'n cofio un tro wrth fynd trwy Frynffordd fel yr agorodd y drws cefn! Mae'n siŵr eu bod yn llond y sedd ac yn pwyso ar y drws oedd heb gau'n iawn – ond wnaeth neb syrthio allan!

Yn ddiweddarach, prynais gar Simca oddi wrth fy Yncl Bob oedd yn welliant, ond ddim yn gar mawr iawn chwaith. Beth bynnag, i ffwrdd â ni am dipyn o wyliau i Ben Llŷn, efo fy nhad yng nghyfraith yn y blaen efo fi, un o'r plant ar glustog dros yr *handbrake* yn y canol rhwng y ddau ohonom, a Margaret a'i mam a'r ddwy ferch arall yn y cefn. Roedd hynny cyn dyddiau'r *seatbelt*!

Roedd hi'n amser anodd iawn i gael mynd ar wyliau am fy mod i mor brysur, ond roedden ni'n gwneud ymdrech i fynd am wythnos bob blwyddyn. Pan oedd Mair yn faban yn y crud, aethom am wythnos i Tyddyn Ronnen, Four Crosses, Pen Llŷn am y tro cyntaf a hynny ar awgrym fy athro weldio, J. L. Williams. John Roberts a'i wraig Jini a'i chwaer Elin oedd yn byw yno, gan osod y tŷ tra roedden nhw'n byw mewn adeilad ar draws y buarth. Wrth iddyn nhw heneiddio, newidiwyd y drefn a'r ymwelwyr fyddai'n aros yn yr ysgubor. Pan welais Jini gyntaf, roedd yna rywbeth yn ei hosgo oedd yn fy atgoffa'n arw o fy mam, nid ei hacen yn unig. Yn Nhudweiliog yn Llŷn y magwyd Mam, ac felly doedd ryfedd bod yr ardal a'i phobl yn apelio ata i. Beth bynnag, erbyn sgwrsio, dyma ddarganfod ein bod yn perthyn o bell, ac Anti Jini fu hi wedyn i ni i gyd. Buom yn mynd yno ar ein gwyliau am flynyddoedd, fel arfer yn yr wythnos gyntaf ym mis Mehefin.

Dwi'n cofio un flwyddyn ein bod wedi trefnu mynd ar ddydd Sadwrn. Dechreuais weithio ar fore Iau a dal ati tan hanner nos ar y nos Wener er mwyn cael trefn ar bethau cyn mynd, ac i ffwrdd â ni ar y bore Sadwrn. Roeddwn i'n danfon Margaret a'r genod i lan y môr yn Llanbedrog, ac yna'n cysgu bob cyfle am dridiau am fy mod i wedi blino cymaint. Ond dyna fo. Amser difyr serch hynny.

Cilcain oedd wrth galon bywyd wrth gwrs. Roeddwn yn byw ac yn gweithio yno, ac roeddem fel teulu yn mwynhau gweithgareddau'r gymuned yno. Roedd Margaret yn brysur iawn efo Sefydliad y Merched, a bu'n gadeirydd ac yn ysgrifennydd. Cynhaliwyd dosbarthiadau WEA yn y llan.

Roedd y sioe flodau flynyddol a gynhaliwyd mewn pabell ar gae'r Waen yn un o uchafbwyntiau'r flwyddyn. Byddai'r genod yn mwynhau cystadlu efo crefftau plant a'r wisg ffansi ac ati. Roedd Margaret yn un dda am gystadlu efo'r coginio, gan ennill y gwpan am y pwyntiau uchaf yn y sioe. Dwi'n cofio tynnu rhaff, a hambygio fy hun mae'n rhaid oherwydd roeddwn yn crynu fel deilen wedyn. Roeddwn i'n gryf ac yn tynnu gymaint allwn i heb fath o ymarfer na pharatoi! Mewn cystadleuaeth taflu *wellingtons* un tro, teflais gyda'm holl nerth ond aeth o ddim yn y cyfeiriad iawn. Aeth ar wib i ganol y dorf a tharo rhyw greadures ar ei phen yn anffodus! Dro arall, fe wnes i gymryd rhan mewn cystadleuaeth malu piano. Roedd yn rhaid i ddau dîm fynd ati am y gorau i falu eu piano yn ddarnau digon bach i'w taflu trwy dwll arbennig i drelar. Byddem yn waldio efo gordd a darnau'n tasgu i bob man! Doedd iechyd a diogelwch ddim yn beth mawr yr adeg honno mae'n amlwg! Roedd clywed y tannau'n diasbedain wrth chwalu yn mynd at galon Margaret druan.

Roedd cymdeithas y capel yn reit fywiog yn y cyfnod hefyd. Cynhaliwyd Eisteddfod Tai ambell waith, ac yn ddiweddarach, eisteddfod rhwng Capel Cilcain a Chapel y Berthen, Licswm, oedd yn lot o hwyl.

Gofyn bendith

Un arferiad a gariodd ymlaen o Lys Eifion oedd gofyn bendith cyn bwyta. Yn Llys Eifion, byddem yn cyd-adrodd y pennill:

Bydd wrth ein bwrdd o Frenin Ne'
Boed i ti fawredd ym mhob lle
Bendithia'n awr ein hymborth ni
A gad i'n wledda gyda Thi.

Ar ôl symud i Glasgoed, fe wnaethom newid i englyn W. D. Williams:

O Dad, yn deulu dedwydd – y deuwn
    Â diolch o'r newydd;
    Cans o'th law y daw bob dydd
    Ein lluniaeth a'n llawenydd.

Ond roedd y genod yn fach ac yn methu aros i fwyta, felly daeth yn arferiad dweud yn syml efo'n gilydd cyn pob pryd bwyd, "Diolch Iesu Grist am y bwyd, Amen", ac fe barhaodd hynny ar hyd y blynyddoedd, gan ddefnyddio'r englyn ddim ond ar ddydd Sul neu pan oedd yna bobl ddiarth.

Fe wnaethom hefyd gynnal y traddodiad o groesawu gweinidogion atom i ginio Sul, gan gymryd ein tro am dri mis o'r flwyddyn.

Cadw defaid

Yn ystod y saithdegau, prynais y cae gyferbyn â Glasgoed gyda'r bwriad o godi tai arno. Tra'n aros am gais cynllunio, es ati i aredig y tir a phlannu tatws yno. Pan ddaeth yn adeg codi'r tatws, fe ddaeth plant y pentref i helpu eu hel. Doedd Gwyneth, Mair ac Olwen ddim yn ei gweld hi'n deg iawn bod plant eraill yn cael pres poced am eu llafur, ond doedden nhw ddim! Ond yn ddiarwybod iddyn nhw, roeddwn wedi prynu ci bach iddyn nhw yn rhodd am eu gwaith caled, sef pwdl o'r enw Lulu fu'n rhan o'r teulu am flynyddoedd.

Er na chefais ddilyn fy mreuddwyd fel llanc o fod yn fugail, dechreuais gadw ychydig o ddefaid. Prynais bum dafad gan fy nghefnder Evan Owen Morris, Tŷ Mawr, ac fe ges i fenthyg maharen efo nhw. Yn ystod y gwanwyn cyntaf, cafodd tair dafad dri oen bob un, ac fe gafodd dwy ddafad ddau oen bob un, sef 13 o ŵyn i gyd a magu pob un. Tynnwyd eu llun gan ohebydd y *Chester Chronicle*! Roeddwn yn eu pori mewn cae o'r enw Plas Du ar ochr allt y Pentre, ac mewn dau gae bach wrth ymyl y Pistyll. Pan fyddwn yn dod â'r defaid adref, mi fydden nhw'n fy nghanlyn drwy'r llan ond i mi ysgwyd bwced o'u blaenau. Byddai Gwyneth yn mynd i'w bwydo i mi ar ôl ysgol. Un

prynhawn, fe aeth yno a gweld clamp o gi mawr du yn
rhedeg ar ôl y defaid. Fel mae'n digwydd, roeddwn yn
gweithio yn y llan, a phan ddaeth hi â'i gwynt yn ei dwrn i
ddweud wrthyf, dyma redeg adref i nôl y gwn ac i ffwrdd â
ni i chwilio am y ci yma. Pan welais i o, wnes i ei adnabod
yn syth, roedd o'n gi lleol. Saethais ar ôl y cnaf, ond fe
redodd o'r golwg yn reit handi. Roedd o wedi rhwygo un
oen yn go arw, a rhaid oedd cymryd hwnnw at y ffarier i
gael ei bwytho, ond mi fendiodd yn iawn.

Dywedodd y ffarier y dylwn reportio'r digwyddiad
i'r heddlu, ac felly y bu. Fe ddaeth dau swyddog, dyn a
dynes, ac fe aethom i weld perchennog y ci. Dyna lle'r
oedd y ci yn yr ardd. Diflannodd y plismyn y tu ôl i mi'n
syth! Roedden nhw ei ofn o. Rhoddais fy llaw ar gefn y ci,
a gallwn deimlo'r haels (*shot*) yn ei flew trwchus. Dwi'n
cofio'n iawn mai Chop Suey oedd ei enw o. Fe wnaeth
y perchennog ymddiheuro'n arw a chynnig talu unrhyw
gostau. Fel roedd y drefn yr adeg honno, roedd yn rhaid
cael trwydded ci, ond pan ofynnodd yr heddlu i'w weld,
yn anffodus doedd ganddo'r un felly fe gafodd ei gosbi.
Fel 'na mae bywyd cefn gwlad.

Gwaith

Adeiladu oedd fy mhrif waith. Roeddwn yn gwneud llawer
o waith atgyweirio. Hefyd mi fues i'n adeiladu sawl parlwr
godro ar ffermydd, oedd yn rhywbeth newydd yn y cyfnod.
Fi gododd y parlwr godro cyntaf yn y Fforest i Harry
Williams, un o'r rhai cynharaf yn Sir y Fflint. Gweithio yno
oeddwn i pan ganwyd Olwen. Wedyn fe wnes i adeiladu un
yn Trelan, Wal Goch a Marian Mawr, Cwm pan symudodd
y teulu Morris yno o Tŷ Mawr. Roedd y rhain yn glamp o
jobs i fi ac un labrwr. Roedd yn rhaid bod yn ddyfeisgar,
a gwneud mowldiau a shyteri i ddal concrid. Roedd gen

i fyrddau symudol wedi'u torri i'r pwrpas y gellid eu hailddefnyddio dro ar ôl tro wedi'u cysylltu â bolltiau 16 modfedd roeddwn wedi'u llunio yn y gweithdy. Pan oedd y concrit wedi setio digon, rhaid oedd tynnu'r bolltiau allan neu byddai'r concrit wedi sychu gormod a byddai'n amhosibl eu tynnu allan. Mi fues i hefyd yn gwneud ochrau concrit i bitiau silwair.

Fe wnes i ail-doi hanner to Eglwys Cilcain un tro, sef to'r *north aisle* ar yr ochr agosaf at y ffordd – ei stripio a'i ail-doi i gyd. Mi fues i'n soldro'r plwm ar ben clochdy'r eglwys sawl tro hefyd, fel fy nhad o'm blaen. To fflat sydd ar ben y clochdy, ddim pig. Roedd y plwm yn sâl ac angen ei drwsio bob hyn a hyn. Es i â'r genod i fyny efo fi unwaith, ac fe wnaethant grafu eu henwau yn y plwm wrth ymyl enwau eu tad a'u taid.

Fel rhan o ddathliadau jiwbilî arian y Frenhines yn 1977, daeth cais i roi baner jac yr undeb ar ben y clochdy. Mae yna geiliog y gwynt ar ffrâm ar y top, ac roeddwn wedi gosod y faner ar ben peipen hir i'w gosod ar y ffrâm yma. Roedd hogyn o'r enw Roger Parish yn gweithio i mi ar y pryd, ac roedd yntau ar y gwaelod yn pasio'r beipen i fyny a minnau ar y top yn tynnu rhaff. Yna fe ddaeth i fyny i fy helpu, ond doedd o ddim yn rhy hoff o'r uchder. "You can tell your grandchildren that you put the flag on top of the tower for the jubilee" meddwn i wrtho. "But I won't be able to tell them that I brought it down!" oedd ei ateb. Wnae o ddim mynd i fyny'r tŵr eto dros ei grogi.

Yn nyddiau Glasgoed, roeddwn allan yn gweithio ar jobsys adeiladu yn ystod y dydd, ac yna'n aml yn brysur yn y gweithdy gyda'r nos. Roedd gen i fainc lifio efo llif gron yno, a'r offer weldio, a lle tân ac engan ar gyfer gwaith haearn. Mi fyddwn yn trwsio offer i ffermwyr, ac yn gwneud giatiau, rêls, a gwaith *wrought iron* hefyd weithiau.

Dysgu weldio

Dysgais weldio yn gynnar yn fy ngyrfa. Cefais fy nysgu gan J. L. Williams, y Ffôr, oedd yn hyfforddwr efo'r *Rural Industries Bureau*. Roedd JL yn ŵr bonheddig, ac yn athro da. Byddai'n cael croeso mawr bob amser, a daeth yn ffrind da i'r teulu. Roeddwn bob amser yn mynd ati i dacluso'r gweithdy cyn iddo ddod, ac fe glywais wedyn gan fy ffrind Richard Evans, gof Sarn Bach ym Mhen Llŷn, y byddai yntau'n gwneud yr un fath cyn i JL ddod i'w ddysgu yntau, cymaint ein parch tuag ato. Tiwtor arall fu'n dod acw oedd Mr James o Gaerdydd oedd yn dysgu gwaith gof i mi. Dwi'n cofio un tro ei fod yn cael cinio efo ni yn y tŷ, a Margaret wedi berwi llefrith drosodd wrth wneud bwyd. Ei gyngor oedd, "One job at a time, Mrs" ac fe gafodd hynny ei ddyfynnu'n aml yn ein tŷ ni!

Roedd fy nhad yn dipyn o ofaint ac roedd gen innau ddiddordeb mawr mewn trin haearn. Trwy'r *Bureau* roedd modd prynu offer a phrynais weldiwr nwy am £7 gan dalu cost y cyfarpar yn ôl i'r Bwrdd dros gyfnod o amser. Dysgais *ark welding* gan JL.

Cystadlu

Roedd y *Royal Welsh* yn sioe symudol ers talwm, ac yn dod i Wrecsam. Roedd fy nhad yn awyddus i mi gystadlu yn y gystadleuaeth weldio am fod y *Rural Industries Bureau* wedi bod yn dda efo fi. Dwi'n meddwl mai sioe Wrecsam oedd yr un olaf cyn i'r Sioe Frenhinol gael cartref parhaol yn Llanelwedd. Doeddwn i ddim eisiau mynd, ond mynd wnes i. Roedd yn rhaid weldio'r darnau prawf yn y sioe, un dosbarth efo nwy a'r llall efo trydan. Ges i'r drydedd wobr ond dydw i ddim yn cofio efo pa un. Yn fuan wedyn, wnes i gystadlu eto efo weldio yn Sioe Dinbych a Fflint. Y tro yma, roedd yn rhaid gwneud dwy giât fach adref, un o beipiau wedi weldio efo nwy a'r llall efo *angle iron* a bariau fflat wedi weldio efo trydan, eu llnau nhw'n neis efo *wire brush* ond ddim eu peintio nhw. Roedd y sioe ym Mhrestatyn y flwyddyn honno, ac fe ges i gyntaf yn y ddau ddosbarth. Erbyn deall, Ken yr Efail (mab Llywelyn Jones) oedd yn cystadlu yn fy erbyn a dim ond ni'n dau oedd yn cystadlu. Weldio oedd Ken wedyn yn Jones Bailers yn Rhosesmor, a phedoli yn yr efail rhan amser. Fo oedd y gof olaf i bedoli ceffylau yng ngefail Cilcain, sydd wedi cael ei droi'n dŷ ers diwedd y saithdegau.

Prysurdeb

Cefais wahoddiad gan gwmni John Summers i roi pris am wneud tua 30 o ysgolion dur 18 troedfedd o hyd. Derbyniwyd fy mhris a gyda help dau gyfaill (Harold Williams a Julian Hughes neu 'Hal a Ju a fi' fel y byddwn i'n dweud yn reit aml!) aethom ati i gyflawni'r archeb gan weithio gyda'r nos ar ôl gwaith. Ymhen tri mis cefais archeb am fwy a dyma benderfynu llunio jigiau y tro 'ma er mwyn hwyluso a chyflymu'r gwaith. Cafwyd tair i bedair archeb i gyd ac fe wnaethom lunio rhyw 120 o ysgolion.

Pan oedden nhw'n tyllu ffosydd ar gyfer gosod pibellau i fynd â chyflenwad dŵr i wahanol ardaloedd byddai'r fforman yn dod â cheibiau a throsolion ataf i'w tempro oherwydd eu bod yn treulio ac angen codi pig newydd a'i galedu. Rhaid oedd twymo'r haearn i'r lliw cywir, glas neu liw gwellt, gan ddibynnu ar ba mor galed oedd y gaib i fod. Rhaid hefyd oedd gwybod at ba fath o waith roedd y gaib yn mynd i gael ei defnyddio. Os i geibio clai a phridd, yna pig 'deryn du' sef pig main cul; os oedd y tir yn garegog, roedd angen pig 'deryn to', sef pig oedd yn fwy o stwmp.

Cytundeb arall a gefais gan y Bwrdd Dŵr oedd codi *tele-tone houses* ger tanciau dŵr i gymryd lle'r cytiau pren yn Brynffordd, Gwesbyr, a dau le arall. I fod yn onest, roedd gen i ormod o waith ar y pryd, ac yn llosgi deupen y gannwyll fel arfer, ond mi gymerais i'r gwaith rhag ofn y deuai mwy yn ei sgil. Gwaith gyda'r nos oedd hwn hefyd a chyflogais ddau osodwr brics yr haf hwnnw. Byddem yn cychwyn tua hanner awr wedi pump y pnawn gan barhau i weithio tan hanner nos. Roeddem yn tyllu trwy goncrit efo trosol, caib a gordd i lunio sylfeini'r cytiau ac ar un achlysur roedd y peiriannydd wedi camfarcio a chawsom ein hunain yn slafio yn torri sylfeini trwy drawst concrit trwchus oedd yn cynnal to'r tanc! Cefais ganiatâd y Bwrdd Dŵr i gadw un o'r cytiau pren sgwâr fel rhywle i'r plant chwarae ynddo. Ond dyna i chi anhawster a gawsom yn ei gael o oddi yno, prin digon o le i'w gael trwy'r adwy, a'r diwedd fu ei godi drosodd i'w roi ar gcfn y lorri.

Yn niwedd yr 1960au ac yn ystod yr 1970au roedd giatiau haearn gyda sgroliau i dai yn hynod o ffasiynol a chwmnïau yn eu cynhyrchu ar raddfa eang. Cefais innau sawl archeb hefyd, gorau po fwyaf o sgroliau yn llygad y cwsmer. Felly, rhaid oedd mynd allan i fesur a chynhyrchu cynllun. Mi fues i hefyd yn gwneud byrddau coffi mewn arddull debyg gyda thop gwydr arnyn nhw.

Pan gafodd rhan o fynwent eglwys Cilcain ei throi'n faes parcio, mi ges i wahoddiad i lunio giatiau ar gyfer y fan honno.

Roedd Margaret hefyd yn grefftus. Roedd hi'n gwneud dillad i'r plant, ac yn *dressmaker* dda. Roedd tapestri Cymreig yn ffasiynol yn y saithdegau, a byddai'n gwneud dillad i bobl eraill hefyd. Buom sawl gwaith i felinau gwlân

Trefriw a Bryncir i brynu defnydd. Carthenni Cymreig oedd ar bob gwely yn Glasgoed. Roedd hi'n gweu hefyd, ac fe brynodd beiriant gwau ar un adeg, a byddai'n gwau siwmperi ysgol i'r genod.

Mae'r merched yn dweud bod ganddyn nhw atgofion o synau eu plentyndod wrth orwedd yn eu gwlâu. Byddwn innau yn y gweithdy, a sŵn greindar, gordd, weldar a llif yn gyffredin. Ddaru hynny erioed amharu ar eu cwsg, roedden nhw wedi hen arfer. Byddai eu mam yn y gegin, a'r peiriant gwnïo neu'r peiriant gwau yn canu grwndi yn y cefndir yn reit aml hefyd. Ond y sŵn gorau oedd pan fyddai Mam yn chwarae'r piano, a'r plant yn syrthio i gysgu i gyfeiliant mwy swynol na sain y 'siop saer' (fel yr oeddem yn dal i alw'r gweithdy).

Y gweithdy

Fe wnaeth fy nhad fyw efo ni nes ei farwolaeth yn 1973. Roedd ganddo swyddfa mewn cwt bach wrth ochr Glasgoed, a byddai'n gwneud gwaith papur y busnes yno. Erbyn hynny, roedd o'n cerdded ar faglau a'i ddwylo wedi crymu'n ddifrifol oherwydd cryd cymalau. Fedrai o ddim mynd i'r capel am ei fod yn cael trafferth cerdded ymhell, felly roedd hi'n arferiad gen i nodi penawdau'r bregeth ar bapur bob Sul er mwyn eu cymryd adref iddo eu darllen. Roedd ganddo lawysgrifen gain hyd y diwedd, er bod maint ei ysgrifen yn mynd yn llai ac yn fannach wrth i'w ddwylo gloi. Roedd o'n cymryd diléit mewn dysgu adnodau o'r Beibl i'r genethod, ac roedd adrodd storïau fel Daniel yn ffau'r llewod ac iachau'r deg gwahanglwyf yn ffefrynnau, ymysg eraill. Cafodd hwyl efo'r plant, a llun anfarwol gan Olwen fach o 'Iesu Grist ar y toilet' mewn lle blaenllaw ar gefn drws ei offis.

Roedd y ffôn yn Glasgoed ar fwrdd bach yn yr *hall*

gyferbyn â'r drws ffrynt. Mae yna hanes diddorol i'r bwrdd bach yna a ddaeth yn ôl traddodiad teuluol o hen gartref Twm o'r Nant. Roedd fy nain, Mary Jones Tŷ Capel, yn ferch i Thomas Jones, Siop Rhydgaled (a fu farw yn 1876 yn 83 mlwydd oed a'i gladdu yn Nantglyn) oedd yn nai i Twm o'r Nant yn ôl pob sôn. Mae'r genethod yn cofio gorfod ateb y ffôn yn barchus bob amser gyda'r cyfarchiad, "Hello, Hendre 316?" Roedd yn rhaid bod yn ffurfiol rhag ofn bod rhywun mewn profedigaeth yn ffonio, ac roedd dweud, "Hold the line please" mewn llais cwrtais wedi cael ei ddrymio i mewn iddyn nhw o oed ifanc!

Byddai pobl yn galw heibio o hyd, eisiau rhywbeth wedi'i drwsio, neu'n dod i nôl rhywbeth. Doedd cwrteisi'r genethod ddim bob amser yn berffaith, ac fe wnaethom chwerthin lawer gwaith am Mair yn ateb y drws rhyw dro pan yn fach ac yn gweiddi, "Dad, mae 'na ddyn tew wrth y drws!" Chwerthin dros y lle wnaeth hwnnw trwy drugaredd. Dro arall, Mair eto ddywedodd, "Dad, mae 'Harri the Clown' yma". Y Crown oedd enw'r fferm.

Ymunodd y merched yn eu tro â Chlwb Ffermwyr Ifanc Cilcain a mwynhau bod yn aelodau gweithgar fel ninnau o'u blaen.

Yn ystod y cyfnod yma, fe gafodd Margaret ei gwahodd i fod yn ynad heddwch. Bu cryn drafod am y peth, a'r cyfrifoldeb yn fawr, ond derbyniodd yn y diwedd a gwasanaethu'n gydwybodol ar y fainc yn yr Wyddgrug am flynyddoedd.

Adeiladu'r byngalos

Roedd swyddfa gynllunio Sir y Fflint yn Nhreffynnon. Roedden nhw eisiau *executive type houses* ar y tir, ond doeddwn i ddim yn cytuno o gwbl. Roeddwn i'n teimlo'n gryf y byddai clamp o dai mawr yn difetha naws y pentref.

Roeddwn i'n byw ar draws y ffordd, ac eisiau gweld siâp y bryniau ar y gorwel o ffenestri Glasgoed, nid blocio'r olygfa efo tai mawr. Yna roedd y cynllunwyr yn awgrymu fy mod yn rhoi carreg yma ac acw yn waliau'r byngalos. "What do you think I'm building?" meddwn i. "A currant loaf?" Adeiladais fyngalos wedi'u rendro, toeau llechi Ffestiniog arnynt, *porch* cerrig ar bob un, a chodi waliau cerrig o bopty'r giatiau. Roeddwn i'n awyddus i gadw cymeriad a chrefftau traddodiadol.

Doedd yna ddim carthffosiaeth yn agos at y cae, a'r beipen agosaf yng ngwaelod Dryll Gwta, y cae gyferbyn ar draws y ffordd, drws nesaf i Glasgoed. Roeddwn i eisiau *sewerage* i'r tai newydd, ac mi fyddai'n rhaid sefyll y gost o redeg peipen yr holl ffordd i lawr at waelod y cae, heb sôn am groesi'r ffordd. Mi fyddai hynny'n costio mil o bunnoedd yr adeg honno, a doedd gen i ddim mil o bunnoedd. Roedd y cae yng nghanol y llan ac yn amlwg ei fod yn mynd i fod yn dir adeiladu, a fedrwn i ddim deall pam nad oedd pwynt *sewerage* yn nes. Felly bu'n rhaid i mi ddadlau efo'r cyngor, ac yn y diwedd fe ges i'r beipen am ddim. Helynt ges i efo cynghorau erioed, a dwi wedi gorfod sefyll fy nhir lawer gwaith.

Roedd y safle adeiladu yn ddau gae yn wreiddiol, ac roedd yna wal gerrig rhyngddynt. Wnes i ddefnyddio'r cerrig i godi waliau mynediad i'r byngalos. Roedd yna glamp o ddraenen wen yn y clawdd rhwng y byngalo cyntaf a'r fynwent, ac yn llawn blodau pan ddaeth y perchnogion cyntaf, John a Brenda Cadger, yno. Roedden nhw'n ffansïo galw'r lle'n *Hawthorn Cottage* ac fe ddywedais i y byddai enw Cymraeg yn well. Holodd y ddau beth oedd y cyfieithiad, ac mewn fflach o ysbrydoliaeth, fe awgrymais i Bwthyn Mai am fod *mayflower* yn enw arall am ddraenen wen. A dyna a fu.

Fe godais chwech o fyngalos yno i gyd, ac un tŷ ar y pen agosaf at y capel. Gofynnais i'r pensaer, Gwilym Roberts Henllan, gynllunio tŷ ar gyfer y plot olaf oherwydd mi fyddai byngalo wedi edrych yn rhy fach nesaf at y capel. Mae gan y tŷ dalcen deulawr ar yr ochr chwith, a'r ochr dde yn unllawr i gydweddu â'r byngalos, gan asio felly efo'r adeiladau o bopty.

Roeddwn yn gwneud y rhan fwyaf o'r gwaith adeiladu fy hun, ond defnyddiais gontractwr toi, a phlastrwr, trydanwr a phlymar, amryw ohonyn nhw o Ddyffryn Clwyd.

Gwerthais y byngalo cyntaf yn 1975 am £12,000. Mi gymrodd nifer o flynyddoedd i'w hadeiladu i gyd am fy mod yn gwneud jobsys eraill bob yn ail. Gwerthais yr olaf am £50,000 ond oherwydd chwyddiant dwi ddim yn amau y gwnes i fwy o elw ar yr un cyntaf nag ar yr un diwethaf.

Mae Clwb Ffermwyr Ifanc Cilcain yn cynnal noson tân gwyllt ar gae'r Waen bob blwyddyn, traddodiad sy'n parhau heddiw, ac fe achosodd hynny dipyn o gur pen i mi fwy nag unwaith wrth adeiladu'r byngalos sy'n cefnu ar y Waen. Roeddwn ar ganol toi un ohonyn nhw un flwyddyn, a dim ond coed a ffelt ar y to, pan gyneuwyd y goelcerth anferth gerllaw, efo rocedi yn saethu dros ben. Eisteddais ar y to drwy'r nos efo peipen ddŵr yn tampio'r ffelt, jyst rhag ofn i ni gael coelcerth arall anfwriadol!

Y Pentref Taclusaf

Pan oedd Cilcain yn cystadlu yng nghystadleuaeth y Pentref Taclusaf yn 1981, roedd yna waith cynnal a chadw yn cael ei wneud i dwtio'r lle. Un o'r jobsys oedd gosod llwybr newydd yn y fynwent. Cytunodd y cyngor plwyf i dalu am lwyth o darmac, a Julian Hughes Tŷ'r

Ysgol, Wilff Evans Tŷ Capel, Harold Williams a finnau yn gwirfoddoli i'w osod. Beth bynnag, doedd y llwyth ddim ond yn ddigon i gyrraedd lle'r oedd y cerrig beddau yn dechrau, a'r llwybr yn mynd ymhellach na hynny. Fi oedd yn claddu yno fwyaf, ac roedd yr hen lwybr anwastad yn niwsans, felly wnes i fynnu ein bod yn ordro llwyth arall o darmac ac yn dal ati i wneud y job yn iawn. Roedd y cyngor wedi plesio gymaint nes talu heb rwgnach o gwbl, ac fe gawsom ni a'n gwragedd wahoddiad i ginio blynyddol y cyngor yn Rhydymwyn. Enillodd Cilcain wobr y Pentref Taclusaf, a phob clod am hynny i Julian oedd y tu ôl i'r ymdrech.

Clwb pysgota

Groser o Fflint o'r enw Davies oedd piau'r hawl pysgota ar lynnoedd y gwaith dŵr i fyny ffordd y Garth. Pan oeddwn i'n gweithio yn y Garth un diwrnod, beth welwn i ar y llyn ond bilidowcar yn dwyn pysgod. Pan es i adref i nôl rhywbeth, dyna roi'r gwn yn y fan a thanio ato fo. Wnes i ffonio Davies gyda'r nos a dweud wrtho fy mod i wedi dal *poacher* ar y llyn, ond bod dim brys, ei fod o'n reit saff am fy mod i wedi ei saethu o! Pan ddaeth heibio, fe roddodd ddeg swllt i mi am fy nhrafferth. Pan roddodd Davies y gorau i'r hawl, ffurfiwyd Clwb Pysgota Plu Cilcain, ac roeddwn yn aelod am dipyn. Wrth gwrs mae yna grefft i bysgota plu, a wyddwn i ddim byd am y grefft honno! Mae'n rhaid castio dro ar ôl tro er mwyn i'r lein fynd yn hirach cyn taro'r dŵr. Roedd y bach yn sownd yn nhîn fy nghlos i hanner yr amser, a ddalies i'r un trowt erioed! Enw un o'r plu oedd 'coch y bonddu' a'r Saeson yn dweud 'cockabondee'.

Oberammergau

Yn y flwyddyn 1980, roedd Margaret yn dymuno i mi gymryd gwyliau a mynd i Oberammergau yn yr Almaen i weld drama'r croeshoelio a gâi ei berfformio bob deg mlynedd. Roedd hi wedi clywed am y cynhyrchiad arbennig yma ers talwm ac awydd mawr ganddi i'w weld. Roeddem hefyd yn ymwybodol bod y merched yn tyfu i fyny, ac efallai mai dyma'r cyfle olaf i ni fynd ar wyliau efo'n gilydd cyn iddyn nhw ddechrau mynd eu ffyrdd eu hunain. Doedden ni ddim wedi bod dramor o'r blaen, felly roedd yn antur fawr, ac roedd yna lot o waith paratoi. Roedd gen i gar Peugeot mawr saith sedd, felly fe wnaethom brynu carafán.

Gyda llaw, mae yna stori am y car yna. Fe wnes i ei brynu ar ôl gwerthu'r byngalo cyntaf yn 1975, y tro cyntaf erioed i mi brynu car newydd sbon. Pan es i'r *showroom* i edrych, fe gafodd y gwerthwr ceir dipyn o syndod pan ofynnais iddo roi'r seddau cefn i lawr er mwyn i mi orwedd ar fy hyd yn y cefn i weld a fyddai arch yn ffitio'n gyfforddus yno! Car glas tywyll (*navy blue*) oedd o, un handi ar gyfer fy ngwaith fel ymgymerwr, er ein bod yn llogi hers wrth gwrs ar gyfer diwrnod yr angladd.

Beth bynnag, roedd rhieni Margaret wedi dod i fyw i Is-y-mynydd erbyn hynny – byngalos yr henoed yng Nghilcain – ac roedden nhw wrth law i gadw golwg ar Glasgoed, oedd yn dawelwch meddwl i ni. Felly i ffwrdd â ni i gyfandir Ewrop am dair wythnos. Rhyfeddod mawr. Ni chefais ffasiwn wyliau tra'n gweithio, cynt na wedyn. Dyma gychwyn ar y daith am Lundain ar ôl cael cyngor gan berchennog cwmni bysiau o'r Wyddgrug pa amser a pha ffordd i fynd. Gyrrais efo'r garafán heibio Marble Arch trwy ganol y ddinas, ac roedd yn siwrne'n rhwydd iawn, y tro cyntaf a'r tro olaf i mi yrru yn Llundain. Treuliwyd y noson gyntaf yn y garafán ger Dover cyn croesi fore trannoeth i Zeebrugge. Yna gyrru i lawr trwy Wlad Belg a thrwy'r Almaen i Bavaria i gyrraedd Oberammergau yn yr Alpau. Parciwyd y garafán mewn gwersyll ger Garmisch-Partenkirchen, lle cyfleus i'w adael am fod yna reol bod yn rhaid aros mewn gwesty yn Oberammergau ei hun er mwyn cael tocynnau i'r theatr, ac felly y bu.

Roedd y *Passion Play* yn brofiad rhagorol, a phan wnaethom droi'n ôl at y garafán, fe wrthododd perchennog y cae gymryd tâl am ein bod wedi mynychu'r pasiant. Dal i grwydro wedyn wrth wneud ein ffordd i Baris lle y cafwyd profiad dychrynllyd. Roeddem wedi stopio i gael paned yn y garafán rhywle, ac wedi agor y ffenestri i gyd am ei bod yn boeth. Gyrru wedyn ar hyd traffordd *Le Périphérique* yn agos at ganol y ddinas pan ddechreuodd pawb o'n cwmpas ganu cyrn a chwifio arnom. Erbyn deall, roeddwn wedi gadael y ffenest hir yn nho'r garafán ar agor, a'r gwynt wedi ei chwipio i ffwrdd yn gyfan a hwnnw wedi taro pen blaen y car oedd yn ein dilyn. Rhaid oedd stopio, a phawb yn paldaruo yn Ffrangeg a ninnau'n deall dim. Yn ffodus, fe wnaeth rhyw ddynes oedd yn gallu siarad Saesneg ein helpu i sortio'r gwaith papur, ac ymlaen â ni o'r diwedd i chwilio am faes carafannau.

Roedd gennym gyfeiriad, ond methu'n lan â dod o hyd i'r lle. Felly pan welsom ddyn ifanc yn edrych o dan fonet ei gar, dyma stopio a gofyn am gyfarwyddiadau. Fe wnaeth o gau'r bonet ar unwaith, a dweud wrthym am ei ddilyn ac fe lediodd y ffordd. Fodd bynnag, yn anffodus, roedd y maes carafannau wedi hen gau, a golwg digalon ar y lle. Roedd hi'n hwyr y dydd erbyn hynny, a ninnau'n crafu pen i ba gyfeiriad i droi, pan ddywedodd y dyn ifanc i beidio â phoeni, bod yna ddarn o dir gyferbyn â'i gartref lle y gallem barcio dros nos. Y drwg oedd bod gennym dwll mawr yn y to lle'r oedd y ffenest wedi mynd. Dringodd y dyn ifanc ar y to efo darn o blastig i'w gau, chwarae teg iddo, a mawr oedd ein diolch am ei garedigrwydd, bendith o'r mwyaf.

Erbyn cyrraedd adref, roeddem wedi gwneud 3,000 o filltiroedd, a dim ond bryd hynny y gwnes i gyfaddef wrth Margaret nad oedd gen i olwyn sbâr i'r garafán efo ni. Trwy drugaredd, nid oedd ei hangen, ac roedd y daith yn un fythgofiadwy o'r dechrau i'r diwedd.

Fron Oleu

Pen Llŷn oedd fy hoff ddihangfa bob tro. Fe wnaethom barcio'r garafán am gyfnod ar gae yn Llangïan ac roeddem yn treulio penwythnosau yno bob cyfle. Roedd gen i ffansi prynu tŷ er mwyn cael rhywle sefydlog i ddianc rhag pwysau gwaith, a'r bwriad oedd chwilio am le i'w wneud i fyny. Ond roedd gweld Fron Oleu, Llanbedrog, yn ddigon i syrthio mewn cariad efo'r lle yn syth. Mae'n sefyll mewn lleoliad delfrydol gyda golygfeydd o'r môr a'r bryniau i bob cyfeiriad. Roedd y tŷ mewn cyflwr da, a fyddai dim rhaid i mi weithio adref drwy'r wythnos a dod yno i weithio ar benwythnos. Byddai'n ddihangfa go iawn, a'r enw mor addas i dŷ golau braf mewn llecyn golau ar ochr Mynydd Tir y Cwmwd.

Fe wnaethom brynu Fron Oleu yn 1978. Dywedodd Huw Tudor, y gwerthwr tai ym Mhwllheli, nad oedd o erioed wedi gwerthu tŷ haf i Gymro o'r blaen. Gwelsom Fron Oleu am y tro cyntaf ar yr wythfed o Ebrill, pen-blwydd mam Margaret, ac fe gawsom y goriadau ar Orffennaf y cyntaf.

Roedd gwaith diddiwedd yn dechrau mynd yn fwrn, a dengid i heddwch Pen Llŷn yn dod yn fwy a mwy deniadol. Roeddwn wedi dod i adnabod ein cymdogion newydd yno, ac yn gweld eu natur a'u ffordd o fyw yn debycach i bobl fy mhlentyndod na thrigolion newydd Cilcain. Roedd Dick a Daisy Jones, Pengamfa, yn gymdogion da oedd bob amser yn barod eu cymwynas. Roedden nhw'n dal i wneud pethau yn y ffordd draddodiadol, megis corddi menyn a phobi bara fel yn fy nghartref ers talwm. Roedden nhw'n hel gwair rhydd yn yr haf i'w gario i'r sied wair, ac yn tyfu swêj a mangls i ffidio'r stoc, a thatws a *spinach* a cêl. Roedd clywed eu hanesion am Lanbedrog yn cyfoethogi ein perthynas â'r lle yn sicr. Roeddwn i'n ffrindiau da efo Richard a Helen Evans, Llanengan ers blynyddoedd.

Roedd Cilcain yn newid cymaint, ac roeddwn yn teimlo fy mod i'n colli nabod ar bobl fy mhentref fy hun, efo llawer o bobl newydd yno a llawer llai o Gymry Cymraeg. Doeddwn i ddim bellach yn gwybod hanes pawb yn y llan, efo'r mwyafrif o drigolion y plwyf yn gweithio i ffwrdd yn rhywle. Ychydig iawn ohonom oedd ar ôl i gael gom a rhannu'r hen atgofion fel o'r blaen.

Yn haf 1986, daeth Bolmynydd ar werth, sef y tŷ nesaf at Fron Oleu, a hynny wnaeth i mi bwyso a mesur o ddifri. Roedd yna ugain acer o dir efo'r lle, yn cynnwys maes gwersylla ar un ohonyn nhw yn yr haf. O'r diwedd, cawn wireddu fy mreuddwyd o fod yn fugail, felly dyma fentro. Fe wnaethom werthu Glasgoed i ddatblygwr fyddai'n chwalu'r byngalo a'r gweithdy ac yn codi ystâd o dai yno. Doeddwn i ddim eisiau dechrau ar y dasg fy hun, a fedrwn i ddim aros yn lleol a gwylio'r fath newid yn digwydd. Felly dyma benderfynu symud i fyw'n barhaol i Fron Oleu. Roedd y cam o adael fy mhentref genedigol yn un mawr, yn dipyn o fenter a dweud y gwir, ond roedd yn teimlo fel yr adeg iawn i symud. Roedd yn bryd i ddechrau pennod newydd cyffrous yn fy hanes.

Talwyd blaendal ar Fedi'r cyntaf, ac fe gawsom y goriad ym mis Hydref 1986. Gorffennwyd y busnes yng Nghilcain yn haf 1987, ond roedd hi'n Ionawr 1988 cyn i ni symud i fyw i Fron Oleu ar ôl sortio popeth.

Dyddiau Fron Oleu

AR ÔL SYMUD i fyw yn barhaol i Lanbedrog, rhaid oedd bwrw ati i wneud ychydig o welliannau i wersyll Bolmynydd. Wrth gwrs roedd y sgiliau adeiladu gennyf.

Gwersyll Bolmynydd

Roedd Hilda a Gruff Williams wedi rhedeg maes pebyll yno er 1937, a deuai ambell garafán yno hefyd. Roedd yno ddau dap dŵr, a sied efo tri *flush toilet* yng ngwaelod y cae. Doedd yna ddim trydan, a phawb yn ymolchi mewn dŵr oer! Felly fy ngorchwyl cyntaf oedd adeiladu bloc o doiledau a chawodydd, a chael trydan ar y safle.

Roedd tymor y camp yn rhedeg o'r Pasg hyd at ddiwedd mis Medi, a neb yn bwcio o flaen llaw, jyst yn troi fyny. Roedd Hilda a Gruff yn ffrindiau mawr efo amryw o hen deuluoedd o'r Midlands, Dyffryn Clwyd, a'r Potteries fyddai'n dod bob blwyddyn, a buan y daethon ni'n ffrindiau efo nhw hefyd. Mi fyddai pawb yn gwersylla o amgylch ochrau'r cae, gan gadw'r canol yn glir er mwyn i'r teuluoedd chwarae pêl-droed a chynnal mabolgampau yno.

Mae Bolmynydd hanner ffordd rhwng Traeth y Chwarel, Abersoch, a thraeth Llanbedrog – lleoliad da ar gyfer gwyliau. Ar ochr Mynydd Tir y Cwmwd gyda llwybrau cerdded braf a golygfeydd godidog o fynyddoedd Eryri, mae'r apêl yn amlwg.

Ar y pryd, roedd yna siop papurau newydd a siop teganau a geriach glan y môr wrth yr eglwys i lawr wrth y traeth, ger Plas Glyn y Weddw, a thafarn Tŷ Du gerllaw, a garej yn gwerthu petrol.

Adeiladais y cyfleusterau efo blociau concrid, gyda rhan y dynion ar un ochr a'r merched ar yr ochr arall, ac uned i'r anabl yn y cefn, a chegin i olchi llestri. Roedd y cawodydd yn rhai trydan, a gallai pawb brynu taleb (disgiau) i'w rhoi yn y *meter* am 50 ceiniog. Roedd gennym gwt pren wrth y giât lle y gallai teuluoedd archebu lle a thalu, neu roedden nhw'n galw yn Fron Oleu.

Mae pobl, fel gwartheg mewn beudy neu addolwyr yn eu seddau yn y capel, yn hoff o fynd i'r un lle bob tro! Roedd yna dri teulu o Lerpwl yn dod efo'i gilydd, y dynion yn cydweithio yn Camell Laird's, a bob amser yn gosod eu *trailer tents* ar ochr chwith y cae. Wedyn deuai teulu o'r Potteries oedd bob amser yn gwersylla yng ngwaelod y cae yn y gornel dde.

Yn y cychwyn, roedden ni'n gweld pobl yn golchi eu gwallt o dan dap dŵr oer, felly roedden nhw wrth eu bodd yn cael cawod a dŵr poeth ar y safle.

Ar ochr dde'r cae, deuai criw o'r Midlands bob blwyddyn o ochrau Birmingham, ac roedd yna lot o hwyl gyda'r nos efo'r bobl ifanc a'u *high jinks*. Wrth i amser fynd ymlaen, roedd gan y rhain blant eu hunain, ac angen mwy o ddistawrwydd arnyn nhw, ac mi fydden ni'n eu hatgoffa nhw o'u hieuenctid! Yn aml iawn, roedd yna wyth pabell ohonyn nhw.

Teulu cyson arall oedd y Taylors o Bolton, tad a mam a phump o blant a'u teuluoedd nhw. Roedd Mr Taylor yn ddyn addysgedig a'i wraig yn Ffrances, ac mi fyddai'r ddau yn cerdded darn o Ffordd y Pererinion i Santiago de Compostela bob blwyddyn er eu bod nhw'n mynd i oed. Ychydig o flynyddoedd wedyn, cafodd Margaret ymuno efo grŵp lleol o eglwysi Llanbedrog a Phwllheli i fynd i Santiago a cherdded i mewn efo'r pererinion i wasanaeth yn y Gadeirlan a mwynhau'n fawr. Yn sicr, fe wnaethon ni ddysgu lot am y byd wrth sgwrsio efo gwersyllwyr Bolmynydd.

Fel gofalwyr y gwersyll, ein cyfrifoldeb ni oedd cadw'r cyfleusterau'n lân bob bore a nos, a hefyd gwarchod ein cwsmeriaid. Ambell dro, mi fu yno helynt efo rhai teuluoedd yn cadw sŵn yn hwyr y nos, ac roedd yn rhaid eu troi nhw allan. Roedd enw da'r gwersyll yn dibynnu ar dawelwch a diogelwch y lle gyda'r pwyslais ar greu lle braf i deuluoedd. Ar y cyfan, roedd pawb yn hynod o glên a'r awyrgylch yn gartrefol iawn.

Wrth gwrs, roedd y tywydd yn hollbwysig. Ar nos Wener mewn tywydd braf, roedd y camp yn brysur iawn. Ond ambell benwythnos os oedd glaw mawr, erbyn nos Sul roeddwn yn cloi'r giât a phawb wedi mynd adref!

Ar ôl sefydlu ein hunain, roedd gennym rewgell fach yn y sied ac roeddwn yn cynnig pecynnau rhew i'r gwersyllwyr. Hefyd, roedd perchnogion Siop Newydd, Llanbedrog yn nhop y pentref yn dod efo fan i werthu llefrith, bara a phapurau newydd.

Roedd un criw ffyddlon fyddai'n dod atom ni o'r Midlands yn *surfboarders* o fri, ac yn anelu am Borth Neigwl a'r tonnau cryf sydd yno. Mi fydden nhw'n cyrraedd yn gynnar ar fore Gwener ac yn aros tan nos Sul, felly roedd yna lawer o dywod a *wetsuits* o amgylch y bloc cawodydd pan oedden nhw yno.

Yn raddol, fe wnaethom ehangu'r safle a rhoi pwyntiau pŵer o amgylch y cae am fod yna fwy o ofyn am hyn.

Yn dilyn llawer o drafod efo'r cyngor, cawsom ganiatâd ar gyfer wyth o garafannau. Unwaith eto, roedd pawb yn gwersylla o amgylch perimedr y cae. Roedd Hilda a Gruff yn dal i ddangos diddordeb gan holi, "Ydi'r Walkers wedi dod eleni? Ydach chi wedi gweld Ginger John? Ydi teulu'r Taylors wedi dod eto? Ydi Malcolm yn dal i ddod? Beth am Big Tom?"

Os oedden ni eisiau gwyliau ein hunain, roedd yn rhaid trefnu i aelodau o'r teulu neu ffrindiau ddod draw i edrych ar ôl y gwersyll a'r anifeiliaid i ni. Roedd fy hen gyfaill Bert (Bartley, un o blant Cilcain yn ei ddydd) a'i wraig Margaret yn arbennig o dda am hyn, gyda chefnogaeth teulu Crugan, Llanbedrog yn gefn iddyn nhw os oedd rhywbeth yn mynd o'i le.

Gwaith arall

Yn ogystal â rhedeg y camp, dechreuais weithio yma ac acw gan roi help llaw i ffrindiau a chydnabod. Doedd yr hyn a ddysgais yng Nghilcain dros y blynyddoedd byth yn bell o'r golwg!

Er enghraifft, mi fues i ar ben clochdy eglwys Llanbedrog. Gruff Roberts, Pwllheli gafodd y contract, ond fi aeth yno ar ei ran am fy mod yn ei helpu weithiau. Pig sydd ar ganol y clochdy hwnnw gyda cheiliog y gwynt arall ar ben y pig. Gwaith plwm roeddwn i'n ei wneud yno hefyd, a doedd y ceiliog ddim yn troi, roedd o'n sownd. Felly es i â fo adref a'i drwsio cyn ei roi yn ôl yn ei le. Gofynnodd y rheithor, y Parch. Andrew Jones, sut oedd gwybod pa ffordd roedd y gwynt yn chwythu. Esboniais fod cynffon fawr y ceiliog yn dal y gwynt a bod ei big yn troi i wynebu'r gwynt, oherwydd dydi o ddim yn licio cael gwynt i fyny ei ben ôl!

Mi fues i'n helpu Gruff dipyn. Saer coed oedd Gruff

yn wreiddiol, wedi symud i mewn i adeiladu tai, ac ymgymerwr angladdau. Felly roedd ei waith a'i gefndir yn agos iawn at fy mhrofiadau i, ac roeddwn i'n ddefnyddiol iddo. Dyna sut y bu i mi adnewyddu *lych-gate* eglwys Llanbedrog hefyd. Roedd yn rhaid ail-doi yn y dull traddodiadol, hynny yw ddim efo ffelt a batons, ond *tiering* efo calch o dan y llechi. Roeddwn i'n hen gyfarwydd â'r job. Doedd dim posib cael blew buwch fel ers talwm, felly yn Llanbedrog yn yr 1990au fe gafodd Gruff afael ar flew plastig, ac fe weithiodd yn iawn. Mi fues i hefyd yn helpu Gruff mewn angladdau.

Cefais waith hefyd yn gyrru hers i Ifan Hughes, Ceiri Garage, Llanaelhaearn.

Hefyd, dechreuais helpu Berwyn a Brenda Williams, Gwelfryn, Mynytho, gwaith ddaeth â phleser mawr i mi. Roeddwn yn galw weithiau i brynu rhywbeth gan Robin Crown, tad Berwyn, gan ddod i adnabod y teulu drwy gyfrwng eu busnes cyflenwi nwyddau amaethyddol i ddechrau. Ar ôl deall am fy nghefndir fel adeiladwr, gofynnwyd i mi wneud ychydig o waith ar y tŷ iddynt, gan roi ystafell wely yn y to ac ati. Daethom yn ffrindiau da, ac Angharad fach a minnau'n fêts mawr.

Weithiau, mi fyddai Berwyn yn fyr o ddreifar ar un o'r faniau, ac fe ddechreuais i ddanfon ordors yma ac acw iddo. Wrth gwrs, roedd y cwmni'n darparu nwyddau dros ardal fawr, o Sir Fôn lawr i Tywyn, Meirionnydd, efo cwt ym mart Dolgellau ac yn Llangefni. Weithiau, mi fyddai angen rhywun i fynd i agor y cwt ar ddiwrnod marchnad. Roedd Môn yn ardal ddiarth i mi, ac yn y dyddiau cyn *satnav*, roedd dod o hyd i rai o'r ffermydd yn her ar brydiau. Roeddwn i wrth fy modd yn mynd i lefydd newydd, a chyfarfod pobl newydd. Mae 'mynd am reid' a chrwydro yma ac acw yn fy ngwaed dwi'n amau.

Mi fues i hyd yn oed yn pluo twrcis yn Crugan i helpu Robert a Catrin, er fy mod wedi tyngu llw pan yn ifanc na fyddwn i byth yn gwneud y job yne eto!

Cafodd Margaret wahoddiad i fod yn ynad heddwch unwaith eto. Gwasanaethodd am dair ar hugain o flynyddoedd rhwng yr Wyddgrug a Phwllheli. Roedd hi'n weithgar yng nghapel Llanbedrog, yn enwedig efo Clwb Mair a Martha. Roedd yn braf cymdeithasu mewn ardal mor Gymreig a dod i adnabod cymaint o bobl. Rhaid enwi Jane Ffridd Mynytho fel ffrind arbennig o driw i ni.

Defaid Llŷn

Gan fy mod i bellach yn berchen ar ugain acer o dir, dechreuais gadw mwy o ddefaid Llŷn. Roedd fy niddordeb ynddyn nhw wedi dechrau flynyddoedd ynghynt.

Gan fod teulu Mam wedi byw ym Mhen Llŷn, roeddwn wedi clywed am ddefaid Llŷn. Doedd dim amdani ond gwerthu'r defaid oedd gen i yng Nghilcain ar y pryd, a mynd i chwilio ym Mhen Llŷn. Roedd y dasg yn ddigon anodd am nad oedd ond ychydig ohonyn nhw ar ôl. O'r diwedd, wedi holi a holi, llwyddais i brynu dwy ddafad gan Ieuan Roberts, Dre Bach, Porth Colmon, a mynd â nhw adref i Gilcain. Roedd ganddyn nhw dagiau yn eu clustiau, *H* ar un ac *F* ar y llall, felly enwyd y ddwy gan y plant yn Harriet a Flossie. Roedd Evan Owen, fy nghefnder, yn y cyfamser wedi prynu maharen Llŷn, a gan fod tag yng nghlust hwnnw hefyd, cysylltais ag ysgrifennydd Cymdeithas Defaid Llŷn i wybod a oedd o wedi'i gofrestru, ac mi roedd. Felly dechreuais ddiadell, sef rhif 65 ar y rhestr, a'i galw'n Pedrog gan fy mod yn berchen ar Fron Oleu erbyn hynny a Llanbedrog yn bwysig i mi.

Roedd gen i ddiddordeb mawr yn y brid, ac yn credu'n gryf bod angen gwarchod y nodweddion sef maint y ddafad, ambell smotyn du ar y clustiau, trwyn du, a choesau glân. Mi fyddai Sam Gruffydd, Edern yn dweud os caech chi smotiau du ar wyneb dafad Llŷn, eu bod wedi disgyn i lawr o'r glust!

Am fod defaid Llŷn wedi mynd yn brin ar un adeg, cawsant eu croesi efo defaid Cymreig a dyna pam mae yna frown yn ymddangos yn eu coesau weithiau. Roedd angen bridio hynny allan ohonyn nhw a chadw'r coesau'n wynion. Dwi'n cytuno â dyfyniad o Seland Newydd, bod beth bynnag rydych yn ei fridio i mewn i ddiadell yn cymryd pum mlynedd ar hugain i'w fridio allan.

Ar ôl ymgartrefu yn Llanbedrog fe dyfodd y ddiadell, a dechreuais eu cymryd i sioeau ar draws gogledd Cymru yn 1989 ac 1990: Pwllheli, Caernarfon, Porthmadog, Trefor, Pontllyfni, Nefyn, Mynytho, Croesoswallt a sioeau sirol Meirionnydd, Dinbych a Fflint, a Môn. Wrth wneud hyn, fe wnes i ddod i adnabod llawer o ffermwyr. Roedd yn beth cymdeithasol i'w wneud, ond hefyd yn ffenest siop gwerth chweil.

Roeddwn yn gwerthu yn seli *pedigree* defaid Llŷn yn Sir Fôn, Rhuthun, Malvern a Ross-on-Wye lle y cefais y pris uchaf am faharen. Roeddwn eisiau prynu maharen gan fridiwr uchel ei barch, sef Mr David Lewis ger Aberystwyth, ac fe es yno ar ddiwrnod crasboeth ym mis Awst. Dewisais faharen o blith tuag ugain ohonynt, buddsoddiad da.

Yn 1991, dyma fentro i'r Sioe Fawr i gystadlu, ac yn wir, enillais y pencampwr efo maharen Llŷn y flwyddyn honno. Mi wnes i barhau i gystadlu am 26 o flynyddoedd heb doriad efo rhywbeth, defaid neu ffyn, neu ddefaid a ffyn, a chael llawer mwy o foddhad na'r tro cyntaf efo'r weldio ers talwm.

Y ffyn

Fy niddordeb mawr arall yw gwneud ffyn. Dechreuodd hyn hefyd pan oeddwn yn llanc. Y peth agosaf at fod yn fugail yn fy meddwl i ar y pryd oedd bod yn berchen ar ffon fugail, a gan 'mod i'n ponsio byth a beunydd yn y siop saer, doedd troi fy llaw at gerfio ddim yn ormod o her rywsut. Mae dwy ffon a wnes i'n bymtheg oed dal gen i. Mi fuon nhw'n hongian ar y wal yn Llys Eifion. Roedd y ffyn cyntaf a wnes i yn rhai pren i gyd, ond mewn amser fe ddechreuais wneud ffyn corn hefyd.

Pan oeddwn yn brysur yn ennill bywoliaeth ac yn magu teulu yng Nghilcain, doedd yna ddim amser i wneud ffyn, felly pleser o'r mwyaf oedd cael cyfle yn Llanbedrog i feithrin y grefft o ddifri.

Rydw i wedi dal ati dros y blynyddoedd, wedi cystadlu llawer ac wedi cael hwyl go dda arnyn nhw. Dechreuais gystadlu yn y sioeau bach i gyd. Yna dyna fentro ar y Sioe Fawr yn Llanelwedd a chael llwyddiant yno hefyd, gan ennill y gilwobr ddwywaith yn y brif bencampwriaeth. Mae fy ffyn wedi mynd i 21 o wledydd erbyn hyn, ac rydw i'n dal i gael cysur o'u gwneud.

Dwi'n aelod o gymdeithas Gwneuthurwyr Ffyn Gogledd Cymru sy'n cynnal cystadleuaeth ffon fugail undarn yn flynyddol, gyda chwpan Castell Gyrn yn wobr. Enillais honno am 15 mlynedd heb doriad. Y flwyddyn ganlynol, doeddwn i ddim yn cystadlu am ein bod yn symud tŷ o Ben Llŷn i Ddyffryn Clwyd, ond pan roddais gynnig arall arni, dyna ennill sawl gwaith eto.

Mae gwneud ffyn yn ddiddorol iawn gan nad yw'r defnydd byth yr un fath. Cefais gyngor un tro i beidio â thrio gwneud dwy ffon yr un fath am fod y defnydd yn gwahaniaethu. Yr adeg gorau i dorri ffon yw rhwng Tachwedd a Chwefror pan mae'r sug i lawr, er mae'n rhaid dweud bod yna lawer o wirionedd yn yr hen ddywediad mai'r adeg gorau i dorri ffon yw pan y gwelwch chi hi. Rhaid cymryd eich siawns pan ddaw o weithiau os gwelwch chi ffon dda; dydi mynd yn ôl ddim bob amser yn bosib. Mae hyn yn wir mewn bywyd hefyd yn dydi. *Seize the day*, chwedl y Sais. Ond yn gyffredinol, mi fydda i'n mwynhau mynd i dorri ffyn yn yr hydref bob blwyddyn os medra i.

Dwi wedi bathu dywediad arall hefyd, sef, "garwed bo'r lle, gorau bo'r ffon". Mae ffon sydd wedi tyfu ar le caled yn gryfach, a dwi'n credu bod yr un peth yn wir am ddyn hefyd. Does yna ddim cymaint o ruddin mewn pobl sydd wedi cael bywyd esmwyth. Rhaid dweud ei bod yn bleser dod o hyd i ffon mewn llefydd garw lle nad oes neb arall yn mentro! Fel dw i'n heneiddio, fydda i ddim yn mynd ar fy mhen fy hun ond mae Siôn fy ŵyr yn dod efo fi.

Fy newis o ffon yw collen, ac mae dwy fath, sef collen goch a chollen wen. Mae collen wen fel arfer yn tyfu mewn lle caled, ac o'r herwydd mae'n wydn iawn. Mae collen goch yn tyfu ar dir da. Rydw i hefyd yn hoffi draenen ddu, ond mae braidd yn drwm. Mae ffyn coed ffrwythau hefyd yn dda, ond yn anodd eu cael.

Ar ôl hel y ffyn, mae angen eu sychu cyn eu defnyddio, sef blwyddyn am bob modfedd o drwch ar gyfer coesyn, a dwy neu dair blynedd ar gyfer y blocyn i wneud y fagl. Mae angen bod yn ofalus nad yw pry'n eu tyllu. Rydyn ni'n hoff o fwyta cnau cyll, a phry yn hoff o fwyta'r pren hefyd!

Ar gyfer gwneud ffon un darn, mae angen ffon wedi'i thorri efo bonyn cryf iddi, collen fel arfer, ac yna mae'r bonyn yn cael ei naddu i greu'r fagl – naddu nid plygu. Ar gyfer ffon efo corn arni, mae angen berwi'r corn i'w feddalu, yna ei siapio tra'n boeth i wneud bagl. Does yna ddim mesur yn y job. Llaw a llygad yw hi i gael y balans yn iawn. Mae'r un ddawn yn wir efo defaid. Mae angen llygad dda i weld os ydi popeth mewn *proportion*. Dwi'n siŵr bod llygad y saer o fantais fawr i mi.

Dwi bellach yn cael ceisiadau i ddysgu'r grefft o wneud ffyn i eraill. Dydw i ddim yn rhy ffond o hynny! Ond mae ymhél â'r grefft wedi golygu 'mod i wedi dod i adnabod llawer o gymeriadau yn y byd gwneud ffyn, ac wedi cyfarfod un o wneuthurwyr gorau'r wlad, sef Gordon Flintoff o swydd Efrog. Cawsom wahoddiad i barti pen-blwydd Gordon yn 80 oed, ac ni welwyd erioed gymaint o wneuthurwyr ffyn efo'i gilydd. Roeddem yno o hyd a lled y wlad! Cefais y fraint o fynd i aros efo Gordon am ddwy noson, Margaret yn y tŷ yn gwneud bwyd a minnau yn y gweithdy yn dysgu gwahanol ffyrdd o drin corn; braint o'r mwyaf yn wir. Ymhen blynyddoedd, cefais air i ddweud bod Gordon wedi marw, a rhaid oedd mynd i'r angladd. Ar gaead ei arch, roedd dwy o'i ffyn gorau.

Dro arall, roedden ni'n cael cinio pan ddaeth rhywun at ddrws y tŷ yn chwilio amdanaf. Bachgen ifanc o Awstria oedd o, eisiau ffon gennyf ac fe werthais un iddo. Mewn dipyn wedyn, daeth parsel o Awstria ganddo yn cynnwys pedair ffon geirios oedd wedi tyfu mewn perllan gerllaw Fienna.

Yn y Sioe Fawr yn Llanelwedd, wnes i gyfarfod rhai o gymeriadau De Cymru wrth gystadlu yn eu herbyn. Cefais y fraint o gael gwahoddiad i feirniadu mewn sioe ger Caerfyrddin a mwynhau'r croeso cynnes a gefais yno.

Wrth deithio o amgylch y wlad, byddaf bob amser yn cadw llif yn y car er mwyn torri ffon neu ddwy os daw cyfle, ac yn cadw fy llygaid ar agor. Un tro, aethom i ardal Tywyn i rali hen beiriannau, ond wedi cyrraedd cefais fy siomi nad oedd llawer i'w weld. Ar y ffordd adref, dyma droi oddi ar y ffordd fawr i gael picnic. Wrth eistedd yn y car, gwelais ffyn efo gwyddfid yn tyfu arnyn nhw, sydd yn creu patrwm hyfryd ar y ffon. Roeddwn wedi chwilio am flynyddoedd am ffyn o'r fath, a dyma fi o'r diwedd wedi dod ar eu traws yn annisgwyl!

Pan oedd fy merch Olwen yn yr ysbyty yn cael ei hail blentyn, roedd John fy mab yng nghyfraith wedi cael damwain i'w droed ac yn methu gyrru felly roedd yn rhaid i mi ei gymryd i'r ysbyty tua un o'r gloch y bore. Pan oeddwn yn parcio'r car, gwelais ffon dda ac fe'i torrais hi. Wedi iddi sychu'n iawn, fe wnes i ffon efo cenhinen ar ei thrwyn a'i rhoi ymhen blynyddoedd i Tom, yr ŵyr a gafodd ei eni'r noson honno.

Roeddem ar wyliau yn yr Alban un flwyddyn a gwelais gorn carw ar ben bêl o wellt ar ryw fferm, felly dyma stopio'r car a mynd i chwilio am y ffermwr. Wir i chi, fe roddodd y corn i mi, a'r fargen oedd y byddwn yn gwneud ffon iddo gyda chorn bach arall. Fe ysgrifennodd Margaret y cyfeiriad ar ddarn o bapur er mwyn anfon y ffon ato, ond pan oedd y ffon yn barod, doedd dim dichon dod o hyd i'r papur yn unman! Bedair blynedd yn ddiweddarach, fe aethom ar wyliau i'r Alban eto gyda'r bwriad o gymryd y ffon. Erbyn hynny, roeddwn wedi gwneud ffon arall i'w wraig hefyd. Trwy ryw wyrth, daethom o hyd i'r ffermwr a chael croeso mawr. Ddaru o erioed feddwl y gwelai'r ffon byth!

Ar y ffordd yn ôl o'r fferm honno yn yr Alban, sylwais ar dŷ gydag adeiladau o'i gwmpas oedd yn edrych yn debyg i gytiau cŵn, a thybio mai cipar oedd yn byw yno. Dyma fynd i holi am gyrn ceirw. Roeddwn yn iawn, cipar oedd o. Dywedodd am gysylltu ym mis Hydref, ac felly y bu. Addawodd yrru hamper o gyrn i mi a dywedais wrtho am roi'r bil i mewn efo nhw. Roedd y dyn cystal â'i air, ac

148

fe gyrhaeddodd yr hamper. Roeddwn wedi gwirioni efo'r cynnwys – ond doedd yna ddim bil. Y noson honno, fe wnes i siarad efo fo ar y ffôn, ac fe ddywedodd ei fod eisiau gwybod bod yr hamper wedi cyrraedd yn saff cyn rhoi'r bil. Chwarae teg iddo. Anfonais siec yn union, ac fe gefais fwy o gyrn ganddo wedi hynny.

Pan oeddwn ar wyliau ym Majorca, roedd yna lawer o bethau wedi'u gwneud o bren olewydd ar werth. Meddyliais y carwn gael darn o'r pren hardd yma, felly dyma ffeindio melin lifio fach a holi'r dyn yno. Yn anffodus, fedrai o ddim siarad Saesneg a finnau'n methu Sbaeneg, felly dyma afael mewn darn o bren a phwyntio at y llif a gwneud arwyddion 'mod i eisiau ei lifio'n blanciau modfedd a hanner o drwch. Felly y bu, a'u pacio yng nghanol ein dillad i ddod adre. Mi wnes i sawl ffon gerdded ohonynt.

Bu cymydog i ni yn Llanbedrog ar wyliau yn Ne Affrica ac fe ddaeth â darn o *stinkwood*, sy'n bren tywyll. Fe wnes i ffon fawd efo fo, sydd hefyd yn fy nghasgliad. Sôn am bren, cefais ddarn o dderw du gan Edward Jones, Crugan, Llanbedrog. Roedd o wedi ei godi o'r mawn, ac roedd yn ddu bitsh. Mae bellach yn fy nghasgliad fel pastwn crwn (*knob stick*).

Unwaith eto ar wyliau, y tro yma yn y Peak District, dyma daro ar ddyn oedd yn gwneud ffyn oedd wedi symud tŷ. Doedd ganddo'r unlle addas i weithio felly roedd am werthu popeth oedd ganddo sef stand i ddal ffyn, cyrn byfflo, coesau ac ati. Doedd o ddim yn fodlon gwerthu rhai pethau'n unig ond yn awyddus i gael gwared â'r cyfan. Felly fe gynigais bris am y cwbl, a dod â nhw adre efo ni. Ar yr un gwyliau, dyma droi i mewn i ryw dafarn am damaid o swper un gyda'r nos, a tharo ar ddyn oedd yn cadw defaid, a dyma'i holi o am gyrn. Dywedodd bod ganddo ddau gorn y cawn i ganddo. Aeth ati i wneud map ar *serviette* i ddangos lle'r oedd o'n byw. Ar ôl bwyd, dyma fynd i chwilio amdano, ond roedd yn llawer pellach na'r disgwyl a ninnau'n dechrau amau'r holl beth a Margaret yn cwyno: "Dyna be' ti'n gael am siarad efo rhywun mewn tafarn!" Ond wir, fe gyrhaeddon ni'r fferm ac fe gefais ddau gorn da am ddim.

Rydw i bellach wedi bod yn gwneud ffyn ers dros 70 o flynyddoedd ac yn dal i gael cysur mawr.

Cwt Casglwr

Yn ystod ein cyfnod yn rhedeg gwersyll Bolmynydd, roedd angen gwneud i ffwrdd efo hen *trailer tent* am fod y cynfas wedi pydru ac fe benderfynodd y perchennog ei adael yn y cae. Ar ôl edrych ar y trelar, dyna feddwl y gallwn wneud defnydd ohono ac felly fe wnes ei gadw gyda'r syniad o wneud cwt arno. Roedd gen i gymaint o hen daclau yn y gweithdy, rhai oedd yn perthyn i Nhad ac eraill rocddwn wedi'u casglu yma ac acw dros y blynyddoedd, felly fe es i a Margaret ati i'w glanhau er mwyn eu harddangos. Defnyddiais *plywood* i wneud siâp bocs gyda drws un pen ac un arall ar yr ochr yn agor allan fel *hatch*. Gosodais silffoedd ar hyd y cefn a silff yn yr *hatch*. Roedd yna ddigon o le i gerdded i mewn iddo i osod yr offer. Fe wnaethom beintio'r tu mewn yn wyn a'r tu allan yn wyrdd tywyll efo ffelt ar y to. Leiniwyd y silffoedd efo hen sachau, a rhoi ambell fachyn bach yn y to, wedyn roedd yna hen waith polisho er mwyn sgleinio'r taclau pres a Margaret yn brysur efo'r *Brasso*!

Mae gen i gasgliad mawr o *blowlamps* yn cynnwys yr un roedd fy nhad a minnau yn ei ddefnyddio i drwsio pibellau plwm.

Mae gen i gasgliad hefyd o hen lampau paraffin, fel y

lampau Aladdin fydden ni'n eu defnyddio adref, a lampau stabal, ac un hen lamp 'Lucy Jane' fyddai Nhad a'r hen saer (John Dafis) o'i flaen yn ei defnyddio yn y gweithdy. Ar ôl gwneud ychydig o ymchwil, fe wnes i ddod ar draws un tebyg mewn amgueddfa yn Limerick. Ymhen sbel wedyn, ges i lun o'r lamp ganddyn nhw drwy'r post a gweld bod ein 'Lucy Jane' ni mewn llawer gwell cyflwr! Mae'n siŵr ei bod hi dros gant oed. Roedd stondinwyr y farchnad ar y stryd fawr yn yr Wyddgrug yn defnyddio'r math yma o lampau hefyd i ddal ymlaen i werthu pan oedd hi wedi mynd yn dywyll.

Rhoddais offer gwneud menyn Mam yn y cwt hefyd, a chansen lefrith. Hefyd amryw o boteli gwydr efo marblen yn y top. Roedd diwrnod golchi yn wahanol ers talwm ac mae gen i dwb golchi a *dolly-peg*, celwr (powlen fawr tun efo handlenni arni), *washboard*, *clothes maid* pren, pegiau sipsiwn, ac ambell haearn smwddio i'w rhoi ar y tân. Hefyd mae gen i un haearn smwddio sy'n rhedeg ar nwy.

Cyn dyfodiad trydan, roedd *primus stove* yn ddefnyddiol a stôf paraffîn. Dwi wedi casglu pob math o *adjustable spanners* ac wedi'u gosod nhw ar *A-board* i'w dangos nhw. Er enghraifft, ymhlith y *spanners*, mae yna un arbennig ar gyfer tynnu'r nyten efydd o'r both ar ganol olwyn *pony trap*. Hefyd, mae gen i bob math o gloeon a goriadau, ac wedi mowntio'r rhain hefyd ar fwrdd.

Dechreuais gymryd y cwt o amgylch sioeau, a'i alw'n Cwt Casglwr. Roedd llawer o bobl yn dangos diddordeb, ac roedd yn ffordd dda o ddechrau sgwrs ac o rannu gwybodaeth ac atgofion. Mi fyddwn i'n gosod byrddau y tu allan i'r cwt hefyd ac yn creu arddangosfa. Roedd ymweld â'r sioeau bach yn bleser o'r mwyaf i mi, ac roeddwn yn cystadlu efo ffyn ynddyn nhw'r un pryd.

Rhwng dangos defaid yn ein dyddiau cynnar yn Llanbedrog, a chystadlu efo ffyn ac arddangos y Cwt Casglwr, roeddwn i'n aml oddi cartref ar ddydd Sadwrn, sef y diwrnod prysuraf yn Bolmynydd. Roedd yn rhaid i Margaret ymdopi ar ei phen ei hun a doeddwn i ddim yn boblogaidd ar adegau!

Ar ôl deg mlynedd hapus o redeg y camp, a gwireddu fy mreuddwyd o fod yn fugail, fe wnaethom benderfynu gwerthu Bolmynydd. Erbyn hynny, roedd Margaret a minnau wedi cyrraedd oed ymddeol, ac yn awyddus i dreulio mwy o amser yn ôl ac ymlaen i Sir Ddinbych a Leeds lle'r oedd wyrion ac wyresau wedi cyrraedd. Aeth diadell rhif 65 i Fron Hen, Llanferres, lle mae Huw a Siôn Edwards, gŵr a mab Gwyneth, yn ffermio, felly dwi'n dal i gadw llygaid arnyn nhw ac yn parhau i fod yn aelod cofrestredig o Gymdeithas Defaid Llŷn.

Hen beiriannau

Sefydlwyd Cymdeithas Diogelu Hen Beiriannau Gogledd Cymru yn 1973, ac rydw i wedi bod yn aelod bron o'r dechrau. Wedi bod yn Nhrefriw oedden ni, yn prynu tapestri o'r felin wlân i Margaret, ac yn gyrru adref trwy Lanrwst pan welais injan ddyrnu'n gweithio mewn cae, a dyma stopio i weld beth oedd yn mynd ymlaen. Y gymdeithas oedd yn cynnal rali, ac roeddwn yn fy elfen yn syth, a dyma ymaelodi'n o fuan wedyn. Roedd y cyfarfodydd yn cael eu cynnal am flynyddoedd ym Metws-y-coed, ac fe gynhaliwyd rali bob haf mewn gwahanol lefydd, yn cynnwys Maes Llan Rhuthun, a Pengwern, Bodelwyddan. Yn y rali yn Nhrefnant y dathlais i a Margaret ein priodas arian yn 1985! Dechreuais ddangos injans oel yn y ralis yma. Prynodd y teulu injan Lister L i mi ar fy mhen-blwydd yn 60 oed ar ôl symud i Fron Oleu.

Mi brynais Lister B gan Gwilym Tanrallt, Llangïan. Mae'r hen injan Petter M 3 *horse power* brynodd Capel Cilcain slawer dydd dal gen i yn y sied hefyd.

Adnewyddu'r trap

Un prosiect diddorol a gyflawnais yn Fron Oleu oedd adnewyddu hen *governess cart*. Dechreuodd yr holl beth flynyddoedd ynghynt, er mai yn Abersoch y prynais i'r gert un flwyddyn pan oedden ni yn yr ardal ar wyliau. Roedd yna olwg mawr arni, ac fe gododd awydd ynof i i droi fy llaw at grefft fy nhad a mynd ati i ail-wneud y gert fel rhyw fath o hobi. 'Nôl yng Nghilcain, fe'i tynnais yn ddarnau yn llawn brwdfrydedd, ond a bod yn onest doedd gen i ddim amser i bonsio efo prosiect fel yna, er cymaint yr awydd, ac mewn hofel y tu ôl i'r engan yn y gweithdy y bu'r darnau am flynyddoedd. Pan ddaeth yn amser symud i Fron Oleu, roedd yn rhaid hel y darnau at ei gilydd, ac yn wyrthiol, fe lwyddais i ffeindio pob un! O'r diwedd, ar ôl rhoi'r gorau i rai o'r gorchwylion eraill oedd yn llenwi fy amser yn Llanbedrog, daeth cyfle i weithio ar y *governess cart*. Roedd angen siafftiau onnen newydd arni, ac mi fues i'n trwsio'r olwynion ac ati. Gorffennwyd popeth erbyn 2010. Trefnwyd i rywun ddod â merlen i'w thynnu, ac fe reidiodd Margaret a fi ynddi i fyny'r lôn at westy Plas Hafod ger yr Wyddgrug lle'r oedd y teulu i gyd wedi ymgynnull i ddathlu ein priodas aur.

Symud eto

Cawsom chwech ar hugain o flynyddoedd dedwydd iawn yn byw yn Llanbedrog, ond yn y diwedd rhaid oedd cydnabod bod y teulu yn bell i ffwrdd a daeth yn bryd codi pac unwaith eto. Wnaethon ni ddim dychwelyd i Gilcain, ond yn hytrach, buom yn ffodus o ganfod cartref newydd ar ochr arall Moel Famau yn Hendrerwydd yn 2013.

Dyddiau Brynglas

YN RHYFEDD IAWN, roedd rhai o'r contractwyr a ddefnyddiais i godi'r byngalos yng Nghilcain hefyd wedi gweithio ar Frynglas. Rhan o'i apêl oedd ei fod yn edrych fel tŷ roeddwn wedi ei adeiladu fy hun, efo to llechi arno fo a waliau cerrig o'i flaen. A pheth hollbwysig wrth gwrs oedd bod yna ddigon o le yn yr ardd i godi gweithdy digon mawr i gadw fy nhrugareddau! Coeliwch neu beidio, ond fe lenwyd trelar Ifor Williams Fron Hen saith o weithiau dim ond wrth wagu gweithdy Fron Oleu, ac fe ddaeth yr hen dŵls yn ôl i olwg Moel Famau unwaith eto.

Wrth wagu tŷ Fron Oleu, daeth i'r amlwg hefyd bod gen i dros fil o *rosettes* a enillwyd mewn gwahanol sioeau dros y blynyddoedd!

Buan iawn y gwnaethon ni ymgartrefu yn Nyffryn Clwyd. Cefais wahoddiad i ymuno â chlwb bach gwneuthurwyr ffyn yn Henllan o dan ofal Mr Ifor Roberts. Dim ond deg aelod oedd yna, ac fe gefais groeso mawr. Roeddem yn cyfarfod bob nos Fawrth, yn cael lot o hwyl ac yn mwynhau bob munud. Rydw i hefyd yn dal i fod yn aelod o Gymdeithas Gwneuthurwyr Ffyn Gogledd Cymru sy'n cyfarfod yng Nglynllifon ger Caernarfon – criw hwyliog unwaith eto, a chrefftwyr da.

Wrth hel atgofion fel hyn, mae'n braf edrych yn ôl ar fywyd llawn a hapus. "Hyffordda blentyn ym mhen ei ffordd", medd y Beibl, "a phan heneiddia nid ymedy â hi." Mae'n rhaid cydnabod bod dylanwad fy magwraeth yng Nghilcain yn rhedeg trwy bopeth, ac mae'r pethau a ddysgais yno wedi bod yn llinyn mesur trwy gydol fy oes.

Gobeithio bod fy atgofion yn talu teyrnged i rai o'r bobl fu efo mi ar y daith, ac i rai a aeth o fy mlaen i hefyd. Mae llafur yr efail a'r siop saer wedi hen fynd, yr hel straeon wedi tawelu, a bwrlwm y capel a'r Ysgol Sul yn perthyn i oes arall erbyn hyn, ond braint yw cofio amdanynt. Pleser hefyd oedd y profiadau newydd a ddaeth i'm rhan ar ôl gadael Cilcain, a'r diddordebau a'r bobl sy'n dal i gyfoethogi fy nyddiau hyd heddiw. Mae Margaret yn ganolog i'r cyfan wrth gwrs. Cyflwynaf yr hanesion yma i'n merched annwyl a'u teuluoedd, sef Gwyneth a Huw Edwards, Alun, Siôn a Mari a'n gor-wyresau Celyn, Eiri a Madlen; Mair a David Ainsworth, Alice a Richie; ac Olwen a John Griffiths, Greta a Tom.

Hefyd o'r Lolfa:

Cip yn ôl ar yr Hen Ffordd Gymreig o Fyw

Cefn Gwlad Geoff Charles

IOAN ROBERTS

y Lolfa

£12.95